D1868549

Astrid Lindgren

Friedenspreis des deutschen Buchhandels
1978

ALMANACH

Gebt uns Bücher, gebt uns Flügel

16. Jahrgang 1978

VERLAG FRIEDRICH OETINGER, HAMBURG

Der Titel des Almanachs ist mit freundlicher Genehmigung des Hoffmann & Campe Verlages, Hamburg, dem Buch »Kinder, Bücher und große Leute« von Paul Hazard entnommen.

Fotonachweis:
Stern (3) – Kristina Söderbaum (1) –
Bertil Ericson, Pressens Bild AB (1)

Einband: Peter Schössow
© Verlag Friedrich Oetinger, Hamburg 1978
Alle Rechte vorbehalten
Gesamtherstellung: Clausen & Bosse, Leck/Schleswig
Printed in Germany 1978
ISBN 3 7891 1400 6

Inhalt

Astrid Lindgren

Friedenspreis des Deutschen Buchhandels 1978

Begründung des Stiftungsrates:

Astrid Lindgren steht mit ihrem gesamten Werk beispielhaft für alle, die mit ihren Büchern Kindern in aller Welt als unverlierbaren Schatz die Phantasie schenken und ihr Vertrauen zum Leben bestärken.

Neugier im Kind zu wecken, es kritisch zu machen gegenüber großen Worten und Parolen, ist genauso wichtig wie die Aufgabe, ihnen die Angst zu nehmen vor der Welt und der Zukunft.

Das Werk von Astrid Lindgren bedeutet keine Abkehr von der Wirklichkeit, keine Verführung zur Flucht in Träume. Sie führt ihren Lesern keine heile Welt vor, aber eine Welt, in der wir lachen und weinen, träumen, aber auch leben können. Ihre Bücher vermitteln Liebe und Wärme, bezaubern und verzaubern.

Einer Autorin, die behutsam, aber nachdrücklich zu Toleranz, Fairneß, Verständnis und Verantwortung erzieht, wird daher die höchste Auszeichnung, die der deutsche Buchhandel zu vergeben hat, zuerkannt.

Astrid Lindgren, Es begann in Kristins Küche

Aus »Das entschwundene Land«
Deutsch von Anna-Liese Kornitzky

Es begann in Kristins Küche, als ich ungefähr fünf Jahre alt war. Bis dahin war ich ein kleines Tier gewesen, das mit Augen, Ohren und allen Sinnen nur das in sich eingesogen hatte, was *Natur* war. Daß es auch *Kultur* gab, erfuhr ich erst, als ich auf Kinderbeinen in Kristins Küche stiefelte, wo mich überraschend ein Hauch davon streifte.

Kristin war mit unserem Kuhknecht verheiratet, und was wichtiger war, sie war Edits Mama. Diese Edit – gesegnet sei sie jetzt und allezeit – las mir das Märchen vom Riesen Bam-Bam und der Fee Viribunda vor und versetzte meine Kinderseele dadurch in Schwingungen, die bis heute noch nicht ganz abgeklungen sind. In einer seit langem verschwundenen, armseligen kleinen Häuslerküche geschah dieses Wunder, und seit jenem Tage gibt es für mich in der Welt keine andere Küche. Lese ich von einer Küche oder schreibe ich selber etwas, das sich in einer Küche ereignet, so spielt sich dies ewig und unveränderlich bei Kristin ab . . . dort steht die Küchenbank, dort der Tisch, dort der eiserne Herd, und dort ist die Tür zur Stube.

Ja, gesegnet sei Kristins Küche und gesegnet sei Edit! Sie las mir auch weiterhin ab und zu etwas vor. Die Bücher kann sie sich nur in der Schule geliehen haben, denn zu damaliger Zeit hatten Häuslerkinder keine Bücher. Auch Bauernkinder nicht, zumindest ich nicht. Allmählich lernte ich selber lesen und ging auf die Jagd, um meinen wilden Lesehunger zu stillen. Anfangs war die Ausbeute nur mager. Aber die Lehrerin in der Vorschule hatte immerhin *einen* glänzenden Einfall – alljährlich brachte sie uns vor Weihnachten wunderbar bunte Prospekte über Weihnachtszeitungen und Märchenbücher mit, so daß man sich ein Buch als Weihnachtsgeschenk bestellen konnte. Schneewittchen mit einer von Jenny Nyström gezeichneten drallen, schwarzlockigen Prinzessin auf dem Umschlag war mein erstes eigenes Buch, danach kaufte ich mir auch Unter Wichteln und Trollen mit John Bauers unvergeßlichen Illustrationen. Ein Buch ganz für sich allein zu besitzen – daß man vor Glück nicht ohnmächtig wurde! Noch heute weiß ich, wie diese Bücher rochen, wenn sie funkelnagelneu und frisch gedruckt ankamen, ja denn zunächst einmal schnupperte man daran, und von allen Düften dieser Welt gab es keinen lieblicheren. Er war voller Vorgeschmack und Erwartungen.

Dann war man plötzlich zehn Jahre alt und ging in die Oberschule. Im Lehrerzimmer gab es eine Schulbibliothek, und darauf stürzte ich mich wie eine Besessene und verschlang alles, was es dort gab. In diesen Jahren zwischen zehn und dreizehn verschlingt man ja Bücher, und auch ich futterte alles Erreichbare, gleichgültig, ob ich es mir aus der Schulbibliothek holte oder von Mitschülern lieh, die mit Büchern besser ausgestattet waren als ich. Ich las die ganze lange Reihe von Sagen und Geschichten, vom Trojanischen Krieg bis zu Robinson Crusoe und Onkel Toms Hütte, dazu alles, was ich von Jules Verne ergattern konnte, ferner Die Erzählungen des Feldschers und Ingemanns historische Romane, Der Graf von Monte Christo und Die drei Musketiere, Der letzte Mohikaner, Das Dschungelbuch, Die Schweden und ihre Häuptlinge, Die Schatzinsel, Tom Sawyer und Huckleberry Finn – schau an, welch stattliche Liste alter Klassiker! Und dann alle die wunderbaren Mädchenbücher. Daß es überhaupt so viele nette und lustige Mädchen in der Welt gab, die einem plötzlich ebenso nahestanden wie Geschöpfe aus Fleisch und Blut!

Da war Hetty, der irische Wildfang, und Polly, die Krone aller Mädchen aus New England, ferner Pollyanna und Katy, ganz zu schweigen von Sarah, dem Mädchen mit den Diamantengruben, die so unsäglich arm wurde und frierend in ihrer Bodenkammer hockte, bis Ram Dass mit Suppe und warmen Decken zu ihr über das Dach geklettert kam. Und dann natürlich Anne auf Avonlea, o du Unvergeßliche, auf ewig fährst du im Einspänner neben Matthew Cuthbert unter Avonleas blühenden Apfelbäumen! Wie ich mit diesem Mädchen gelebt habe! Einen ganzen Sommer lang spielte ich mit meiner Schwester in dem großen Sägemehlhaufen oben bei der Sägemühle Anne auf Avonlea: ich war Diana Barry, und die Dunggrube hinter dem Kuhstall war die dunkel spiegelnde Woge.

Daß es eine Zeit im Leben des Menschen gibt, wo man mit solcher Inbrunst und Hingabe liest! Der Schnee, der in der Steinzeitnacht unablässig auf Ura Kaipa niederrieselte, ich *spürte* ihn auf der eigenen Haut. Und an diesen Schnee werde ich mich noch erinnern, wenn ich schon jeden anderen Schnee vergessen habe. Da ist noch mehr, woran ich mich dann noch erinnern werde. An Avonleas Apfelblüte und an einen bestimmten Baum in Australien, der umstürzte und ein junges Mädchen erschlug, worüber ich sehr weinte; an eine Ziege, die im Schweden der Notzeit im Winterschnee umherirrte; an eine Wölfin in Indien und an einen Fuchs, der Wildgänse jagte – sie alle haben sich auf ewig meinem Gedächtnis eingeprägt. Und mehr noch gibt es, das ich nie vergessen werde. Den Schoner namens Hispaniola, und wie sehr ich um den kleinen Jim Hawkins bangte, als der Schiffskoch mit seinem Holzbein angepoltert kam; ich werde noch immer wissen, wie ich mit Tom Sawyer und Becky Thatcher in der unterirdischen Höhle zitterte, wie ich über Onkel Tom weinte und wie ich lachte, als Huck Finns Vater, blau wie eine Strandhaubitze, mit dem großen Zeh in der Pökelfleischtonne landete. Huck Finn, ja! Vielleicht bleibt mir am längsten und eindringlichsten die

Erinnerung an meine langsame Fahrt den Mississippi hinunter auf dem Floß, das Huckleberry Finn gehörte.

Nun glaube man ja nicht, daß ich nur Klassiker gelesen habe! Tatsache ist immerhin, daß die Bücher, die mich damals vor langer Zeit am stärksten ergriffen haben und meine ständigen Begleiter geworden sind, gerade die sind, die auch heute noch in den Bibliothekskatalogen zu finden sind. Sollte das womöglich daran liegen, daß es zufälligerweise so gute Bücher waren?

Aber weiß Gott, nicht nur Klassiker! Mein Lesestoff war breit gefächert, so könnte ich behaupten. Der Mann mit den eisernen Fäusten oder Der König der Haudegen hieß ein wahres Kleinod, das in der Schulbibliothek unbegreiflicherweise nicht vorhanden war. Mein Bruder bestellte es auf eine Anzeige hin, unter großen finanziellen Opfern erwarb er sechs rosa Bände, triefend von Blut, Verbrechen und teuflischer Bosheit. Oh, wie haßte ich diese wunderschöne Alli Jerrold, die die ganzen sechs Bände hindurch dem König der Haudegen, Jack Barr, nichts als Elend und Ungemach bereitete. Ich fand es ganz in Ordnung, daß ihr in einer dunklen Nacht das schöne Gesicht mit einem Rasiermesser zerschnitten wurde – ritsch, ratsch! –, nach diesem Denkzettel war sie nicht mehr ganz so schön! So »gerecht« und so erbarmungslos ist man gewesen, wenn man in den auf Buchseiten ausgetragenen Kämpfen richtete, und dennoch glaube ich nicht, daß man als Kind besonders gefühllos war. Aber mit Alli Jerrold hatte ich kein Mitleid, im übrigen besorgte sie sich, durchtrieben wie sie war, einen schwarzen Schleier, den sie vor dem Gesicht trug, so daß nur noch ihre schönen Augen zu sehen waren, und damit verhexte sie auch weiterhin den armen Jack Barr.

Die wunderbaren Schilderungen der Schurken in Der Mann mit den eisernen Fäusten verschlang ich gleichzeitig mit Katy in der Schule, ferner Sieben kleine Heimatlose und Eine kleine Prinzessin, dazu unzählige billige Indianerhefte, Hedwig Courths-Mahlers tränentriefende Liebesromane und die frommen Geschichten von Runa und Betty, die meine Eltern alljährlich zu Weihnachten vom Pfarrer geschenkt bekamen. *Alle* diese Bücher waren für mich gute Bücher, ich bitte dies zu beachten! Aber ich halte ja auch nichts davon, Kinder zu Buchkritikern zu ernennen.

Die Zeit für unbegrenztes Lesen zu finden war freilich schwierig. Selbstverständliches Gebot war, daß man zu Hause half. Oft setzte ich mich an die Wiege, wo ich meiner jüngsten Schwester etwas vorsingen mußte, weil sie sonst nicht einschlafen wollte, und hatte ich gerade ein spannendes Buch erwischt, war das eine harte Prüfung. Aber ich wußte mir zu helfen. Ich sang ihr aus dem Buch vor, Seite auf und Seite ab. Natürlich dauerte es länger als sonst, aber es ging. »Es saß ein einsam Mütterlein im Wald und weinte sehr, tralalalala« – dieses »Lied« zitieren meine Geschwister noch heute als Beispiel für meine Gesangsleseübungen.

Daß ich selbst mit der Zeit Kinderbuchautorin geworden bin, liegt einzig und allein am Wetter. Hätte es an einem bestimmten Märztag 1944 in Stockholm nicht geschneit, wäre es nie dazu gekommen.

Schon in meiner Schulzeit erhoben sich warnende Stimmen: »Du wirst mal Schriftstellerin, wenn du groß bist.« Und – spöttischer – »Du wirst mal Vimmerbys Selma Lagerlöf«. Das entsetzte mich derart, daß ich einen förmlichen Beschluß faßte: Niemals würde ich ein Buch schreiben! Bereits der Prediger Salomo klagt ja: »Denn viel Büchermachens ist kein Ende«, und ich hielt mich nicht für berufen, den Bücherstapel noch höher anwachsen zu lassen. Diesem meinem Vorsatz bin ich bis zum März 1944 auch treu geblieben. Doch dann kam dieser Schnee, der die Straßen glitschig wie Schmierseife machte. Ich fiel hin, verstauchte mir den Fuß, mußte liegen und hatte nichts zu tun. Was tut man da? Schreibt vielleicht ein Buch? Ich schrieb Pippi Langstrumpf. Wie die Pippifigur ursprünglich entstanden ist, habe ich so oft erzählt, weil ich so oft danach gefragt worden bin. Es hier noch einmal zu tun, kommt mir zwar dumm vor, aber trotzdem. 1941 lag meine Tochter Karin krank im Bett, und eines Abends sagte sie: »Erzähl mir was von Pippi Langstrumpf.« Es war ein Name, der ihr gerade in diesem Augenblick durch ihren fieberheißen Kopf geschossen war. Ich tat ihr den Gefallen und dachte mir eine närrische Range aus, die zu dem Namen passen konnte, und mußte bald entdecken, daß uns eine Pippi ins Haus geschneit war, die wir nicht wieder loswerden konnten. 1944 wurde sie gedruckt, einerseits abgelehnt, andererseits preisgekrönt, jedenfalls lag sie plötzlich in den Buchhandlungen. Manche hielten sie für »etwas Unbehagliches, das an der Seele kratzt«, andere schlossen sie seltsamerweise ins Herz. Die Kinder taten es, und für sie hatte ich ja geschrieben. Oder, richtiger gesagt, für das Kind in mir, das noch immer nach Büchern hungert. Dieses Kind entdeckte mit Jubel – ja du liebe Zeit! –, Bücherschreiben macht ja genausoviel Spaß wie sie lesen!

Und deshalb schreibe ich Kinderbücher. Alles ist nur eine Fortsetzung dessen, was einst in Kristins Küche begann.

Astrid Lindgren, Großvater Matthias

Aus »Die Brüder Löwenherz«
Zeichnungen von Ilon Wikland
Deutsch von Anna-Liese Kornitzky

Das Feuer auf der Lichtung war jetzt niedergebrannt, und ich hoffte schon, auch Veder und Kader würden wegreiten. Ich wünschte so sehr, sie verschwinden zu sehen, daß es fast weh tat. Wie eine Maus in der Falle sehnte ich mich danach, freizukommen. Könnte ich nur ihre Pferde aus der Grotte treiben, bevor die beiden sie holten, dann wäre ich vielleicht gerettet, dachte ich, und Veder und Kader würden davonreiten, ohne zu ahnen und ohne je zu erfahren, wie leicht sie den kleinen Bruder von Jonathan Löwenherz hätten fangen können.

In diesem Augenblick hörte ich Kader sagen: »Wir legen uns in die Höhle und schlafen erst mal eine Weile.«

Jetzt ist es also aus, dachte ich. Ach, ist ja auch egal, ich kann nicht mehr. Sollen sie mich doch fangen, dann ist wenigstens Schluß, ein für allemal!

Aber da sagte Veder: »Wieso erst schlafen? Es ist doch gleich Morgen. Und ich hab' genug von diesen Bergen. Ich will zurück ins Heckenrosental.«

Und Kader willigte ein.

»Wie du willst«, sagte er. »Hol die Pferde raus!«

Manchmal, wenn die Gefahr am größten ist, rettet man sich, ohne zu überlegen. Ich schnellte zurück und kroch in den dunkelsten Winkel der Höhle, genau wie ein kleines Tier es getan hätte. Ich sah Veder im Eingang auftauchen, und im nächsten Augenblick hatte ihn der nachtschwarze Schatten der Grotte verschluckt, ich konnte ihn nicht mehr sehen. Nur hören konnte ich ihn, und das war schlimm genug. Er sah mich zwar auch nicht, mußte aber eigentlich mein Herz klopfen hören. Wie laut es klopfte, während ich dort lag und darauf wartete, was geschehen würde, wenn Veder drei Pferde statt zwei entdeckte.

Als Veder sich näherte, wieherten sie leise. Alle drei, auch Fjalar. Sein Wiehern hätte ich unter tausend anderen herausgehört. Aber Veder, dieses Rindvieh, merkte keinen Unterschied. Stellt euch vor, er merkte nicht einmal, daß drei Pferde in der Höhle waren. Er trieb die nahe am Eingang stehenden Pferde – es waren ihre beiden eigenen – hinaus und ging selber hinterher.

Sobald ich mit Fjalar allein war, stürzte ich zu ihm und legte ihm die Hand über das Maul. Lieber, guter Fjalar, keinen Laut, flehte ich insgeheim, denn ich wußte, wenn er jetzt wieherte, dann war alles verloren. Und Fjalar war so klug. Er verstand wirklich alles. Die anderen Pferde wieherten draußen. Sie wollten ihm wohl auf Wiedersehen sagen. Aber Fjalar blieb stumm und antwortete nicht.

Ich sah Veder und Kader aufsitzen, und wie froh ich darüber war, läßt sich nicht beschreiben. Gleich würde ich frei sein, der Mausefalle entwischen können. Glaubte ich.

Denn in diesem Augenblick sagte Veder: »Ich habe meinen Feuerstein vergessen.«

Und er sprang vom Pferd und suchte den Boden rund um das Lagerfeuer ab.

Schließlich sagte er: »Hier ist er nicht. Ich muß ihn in der Höhle verloren haben.«

Und mit Donnergepolter schnappte die Mausefalle wieder zu, denn so geschah es, daß ich gefangengenommen wurde. Veder kam in die Grotte, um nach seinem verflixten Feuerstein zu suchen, und stieß direkt auf Fjalar.

Ich weiß, daß man nicht lügen soll, aber wenn es ums Leben geht, dann muß man es.

Er hatte übrigens harte Fäuste, dieser Veder, noch nie hatte mich einer so unsanft angepackt. Es tat weh, und ich wurde wütend, seltsamerweise war meine Wut größer als meine Furcht. Vielleicht log ich deshalb gut.

»Wie lange spionierst du hier schon herum?« brüllte er, nachdem er mich aus der Höhle gezerrt hatte.

»Seit gestern abend. Aber ich habe nur geschlafen«, sagte ich und blinzelte im Morgenlicht, als sei ich gerade aufgewacht.

»Geschlafen«, sagte Veder. »Willst du mir weismachen, du hättest nichts gehört? Nicht gehört, wie wir hier am Lagerfeuer gegrölt und gesungen haben? Keine Lüge jetzt!«

Das glaubte er sich listig ausgedacht zu haben, denn sie hatten ja keinen Ton gesungen. Aber ich war noch listiger.

»Doch, kann sein, ein bißchen habe ich gehört, wie ihr gesungen habt«, stotterte ich, so als löge ich, nur um es ihm recht zu machen.

Veder und Kader sahen sich an, jetzt waren sie ganz sicher, daß ich wirklich geschlafen und nichts gehört hatte.

Doch das half mir auch nicht viel weiter.

»Weißt du nicht, daß es bei Todesstrafe verboten ist, diesen Weg zu benutzen?« fragte Veder.

Ich stellte mich so dumm wie möglich, als hätte ich von nichts eine Ahnung, weder von der Todesstrafe noch von sonstwas.

»Ich wollte mir gestern abend nur den Mond angucken«, murmelte ich.

»Und dafür riskierst du dein Leben, du kleiner Fuchs«, sagte Veder. »Wo bist du überhaupt zu Hause, im Kirschtal oder im Heckenrosental?«

»Im Heckenrosental«, log ich.

Denn im Kirschtal wohnte Karl Löwenherz, und ich wollte lieber sterben als ihnen verraten, wer ich war.

»Wer sind deine Eltern?« fragte Veder.

»Ich wohne bei – bei meinem Großvater«, sagte ich.

»Und wie heißt er?« fragte Veder.

»Ich nenne ihn nur Großvater«, sagte ich und stellte mich noch dümmer.

»Und wo im Heckenrosental wohnt dein Großvater?« fragte Veder weiter.

»In – in einem kleinen weißen Haus«, sagte ich, weil ich dachte, die Häuser im Heckenrosental sind wohl auch weiß wie die im Kirschtal.

»Dieses Haus und deinen Großvater mußt du uns schon zeigen«, sagte Veder. »Los, sitz auf!«

Und wir ritten los. In diesem Augenblick ging über den Bergen von Nangijala die Sonne auf. Der Himmel flammte wie rotes Feuer, und die Berggipfel glühten. Etwas Schöneres, etwas Großartigeres hatte ich noch nie gesehen. Und hätte ich nicht Kader und das schwarze Hinterteil seines Pferdes gerade vor mir gehabt, hätte ich wohl losgejubelt. Aber so tat ich es nicht, nein, wahrhaftig nicht!

Der Pfad wand und schlängelte sich dahin genau wie vorher. Bald aber ging es steil abwärts. Mir wurde klar, daß wir uns jetzt dem Heckenrosental näherten. Dennoch traute ich kaum meinen Augen, als ich es plötzlich unter mir liegen sah: Es war ebenso schön wie das Kirschtal, wie es dort im Morgenlicht mit seinen Häuschen und Gehöften, den grünen Hängen und den blühenden Heckenrosensträuchern vor uns lag. Wahre Dickichte von Heckenrosensträuchern waren es. Von oben sah es wirklich lustig aus, fast wie rosa Schaumkronen auf einem grünen Wellenmeer. Ja, Heckenrosental war der richtige Name für dieses Tal.

Ohne Veder und Kader wäre ich niemals dorthin gelangt. Denn rund um das ganze Heckenrosental lief eine Mauer, eine hohe Mauer. Die Bewohner des Tals hatten sie auf Tengils Befehl errichten müssen, denn er wollte sie als Sklaven für immer in Gefangenschaft halten. Jonathan hatte es mir erzählt, deshalb wußte ich es.

Veder und Kader mußten vergessen haben, mich zu fragen,

wie es mir gelungen war, aus diesem abgeriegelten Tal herauszukommen, und ich betete zu Gott, daß es ihnen auch nie einfallen möge. Denn was hätte ich antworten sollen? Wie sollte ein Mensch über diese Mauer kommen – noch dazu auf einem Pferd?

Oben auf der Mauer hielten, so weit ich nur sehen konnte, Tengilmänner in schwarzen Helmen mit Schwertern und Speeren Wache. Andere bewachten das Tor, denn dort, wo der Pfad aus dem Kirschtal endete, war ein Tor in der Mauer.

Früher waren die Menschen zwischen den Tälern frei hin und her gewandert, jetzt war hier ein geschlossenes Tor, und nur Tengils Leute durften hindurch.

Veder pochte mit seinem Schwertknauf an das Tor. Eine kleine Luke öffnete sich, und ein riesengroßer Kerl steckte den Kopf heraus.

»Losungswort«, schrie er.

Veder und Kader flüsterten ihm die geheime Parole ins Ohr. Damit ich sie nicht hören sollte. Aber das war ja ganz überflüssig, denn auch ich kannte die Worte – *»Alle Macht Tengil, dem Befreier!«*

Der Mann in der Luke sah mich an und fragte: »Und der da? Was ist das für einer?«

»Das ist ein kleiner Dummkopf, den wir in den Bergen aufgegabelt haben«, antwortete Kader. »Aber vielleicht ist er gar nicht so dumm, denn immerhin hat er sich gestern abend durch dein Tor schleichen können. Was sagst du dazu, Oberwächter? Ich meine, du solltest deine Leute mal fragen, wie sie abends ihren Wachdienst versehen.«

Der in der Luke wurde böse. Er öffnete das Tor und schimpfte und fluchte und wollte mich nicht durchlassen, nur Veder und Kader.

»In die Katlahöhle mit ihm«, brüllte er. »Da gehört er hin!«

Doch Veder und Kader gaben nicht nach – ich müsse hinein, sagten sie, denn erst solle ich beweisen, daß ich ihnen nichts vorgeschwindelt hätte. Das festzustellen sei ihre Pflicht Tengil gegenüber. Und so ritt ich hinter Veder und Kader durch das Tor.

Dabei dachte ich, wenn ich Jonathan je wiedersehe, dann erzähle ich ihm, wie Veder und Kader mir ins Heckenrosental hineingeholfen haben. Da würde er etwas zu lachen haben!

Aber ich selber lachte nicht. Denn ich wußte, wie schlecht es um mich bestellt war. Ich mußte ein weißes Häuschen mit einem Großvater finden, sonst würde ich in die Katlahöhle kommen.

»Reit voraus und zeig uns den Weg«, befahl Veder. »Wir haben ein ernstes Wörtchen mit deinem Großvater zu reden!«

Ich trieb Fjalar an und schlug einen Weg dicht an der Mauer ein.

Weiße Häuser gab es viele, genau wie daheim im Kirschtal. Ich sah aber keines, auf das ich zu zeigen wagte, weil ich nicht wußte, wer darin wohnte. Ich wagte nicht zu sagen: »Da wohnt Großvater«, denn wenn Veder und Kader hineingegangen wären und es dort nicht einmal einen alten Mann gegeben hätte, geschweige einen, der mein Großvater hätte sein wollen – nicht auszudenken!

Jetzt saß ich wirklich in der Klemme, und ich schwitzte vor Angst. Einen Großvater erfinden war leicht gewesen, aber jetzt kam mir die Schwindelei gar nicht mehr so schlau vor.

Überall sah ich Leute bei der Arbeit, aber nirgends einen, der wie ein Großvater aussah, und mir wurde immer jämmerlicher zumute.

Überdies war es schrecklich zu sehen, wie es den Menschen im Heckenrosental erging, wie bleich und verhungert und unglücklich sie alle aussahen, wie anders als die Leute im Kirschtal. Aber in unserem Tal gab es ja auch keinen Tengil, der uns nur zur Arbeit anhielt und uns kaum das Nötigste zum Leben ließ.

Ich ritt und ritt. Veder und Kader wurden schon ungeduldig, doch ich ritt immer weiter, als wollte ich bis ans Ende der Welt.

»Ist es noch weit?« fragte Veder.

»Nein, nicht mehr sehr«, sagte ich, wußte aber weder, was ich sagte, noch was ich tat. Ich war ganz von Sinnen vor Angst und wartete nur darauf, in die Katlahöhle geworfen zu werden.

Doch da geschah ein Wunder. Glaubt mir oder nicht, aber vor einem weißen Häuschen dicht an der Mauer saß ein alter Mann auf einer Bank und fütterte Tauben. Vielleicht hätte ich mich nicht getraut, das zu tun, was ich nun tat, wenn unter all den grauen Tauben nicht auch eine schneeweiße gewesen wäre. Eine einzige!

Tränen traten mir in die Augen, denn solche Tauben hatte ich nur bei Sophia gesehen und davor, lange Zeit davor, ein einziges Mal in einer anderen Welt vor meinem Fenster.

Und jetzt tat ich etwas Unerhörtes: Ich sprang vom Pferd, und mit wenigen Sätzen war ich bei dem Alten, schlang ihm die Arme um den Hals und flüsterte in meiner Verzweiflung: »Hilf mir! Rette mich! Sag, daß du mein Großvater bist!«

Ich hatte furchtbare Angst und war ganz sicher, daß er mich wegstoßen würde, wenn er Veder und Kader in ihren schwarzen Helmen hinter mir sah. Weshalb sollte er meinetwegen lügen und vielleicht deshalb in der Katlahöhle landen?

Aber er stieß mich nicht fort. Er hielt mich umfaßt, und seine Arme waren für mich ein Schutz gegen alles Böse.

»Mein Kleiner«, sagte er so laut, daß Veder und Kader es hören mußten, »wo bist du denn so lange gewesen? Und was hast du angestellt, du unseliges Kind, daß Soldaten dich heimbringen?«

Mein armer Großvater, wie schrecklich er von Veder und Kader gescholten wurde! Sie schnauzten und schimpften und sagten, er solle gefälligst auf seine Enkelkinder aufpassen und sie nicht in den Bergen von Nangijala herumstreunen lassen, denn sonst hätte er bald keine Enkel mehr, und er selber könne etwas erleben, das er nie vergessen würde. Nur dieses eine Mal wollten sie ihn noch laufenlassen, sagten sie schließlich. Und dann ritten sie fort. Bald waren ihre Helme nur noch als schwarze Pünktchen fern im Tal zu erkennen.

Da fing ich an zu weinen. Ich hielt meinen Großvater noch immer umschlungen und weinte und weinte, denn die Nacht war so lang und schwer gewesen, und jetzt war sie endlich vorüber. Und mein Großvater ließ mich gewähren. Er wiegte mich in seinen Armen hin und her, und ich wünschte, oh, wie sehr wünschte ich mir, er wäre mein richtiger Großvater. Obgleich ich noch immer weinte, versuchte ich es ihm zu sagen.

»Ja, ich will gern dein Großvater sein«, sagte er. »Aber mein Name ist Matthias. Und wie heißt du?«

»Karl Lö . . .« begann ich. Doch da verstummte ich. Wie konnte ich nur so wahnsinnig sein, diesen Namen im Heckenrosental zu nennen!

»Lieber Großvater, mein Name ist geheim«, sagte ich. »Nenn mich einfach Krümel!«

»Soso, Krümel«, sagte Matthias und lachte leise. »Na, dann geh jetzt mal in die Küche, Krümel, und warte dort auf mich«, fügte er hinzu. »Ich bring inzwischen dein Pferd in den Stall.«

Und ich ging hinein. In eine ärmliche kleine Küche mit nur einem Tisch, einer Holzbank, ein paar Stühlen und einem Herd. Und mit einem großen Schrank an der Wand.

Bald kam Matthias wieder, und ich sagte: »So einen großen Schrank haben wir auch in unserer Küche, zu Hause im Kirsch . . .«

Wieder verstummte ich.

»Zu Hause im Kirschtal«, sagte Matthias. Ich sah ihn ängstlich an – wieder hatte ich etwas gesagt, was ich nicht hätte sagen dürfen.

Mehr sagte Matthias nicht. Er ging zum Fenster und sah hinaus. Lange stand er da und guckte, als wolle er ganz sicher

sein, daß niemand in der Nähe war. Schließlich wandte er sich zu mir und sagte leise: »Mit diesem Schrank hat es freilich seine besondere Bewandtnis. Wart, ich zeig' es dir!«

Er stemmte die Schulter dagegen und schob den Schrank beiseite. Dahinter in der Wand dicht über dem Fußboden

befand sich eine Luke. Er öffnete sie, und man sah in einen kleinen Raum, eine winzige Kammer. Jemand lag dort auf dem Fußboden und schlief.

Es war Jonathan.

Astrid Lindgren
Märchen
Oetinger

Klaus Doderer, Von der Solidarität der guten Menschen in der desolaten Welt

Märchen und Geschichten sind Inseln der Phantasie, auf denen die Wünsche in Erfüllung gehen. Es ist verständlich, wenn sie allen Unkenrufen angeblicher Verderblichkeit und verführerischer Realitätsflucht zum Trotz seit langem Kinderliteratur geworden sind. Nun werden von den Erzählern für dieses Märchenland immer wieder neue Ideen, Figuren, Landschaften und Wünsche erfunden. Der Nachschub an Phantasie hört offensichtlich noch lange nicht auf. Das hat nicht zuletzt seinen Grund eben in der jeweiligen uns umgebenden Realität. Denn Phantasie ist nur halbwegs souverän. Sie ist in ihrer Ausformung bedingt durch die Wirklichkeit, von der sie sich abhebt. Jede Zeit hat eben ihre eigene Phantasie und ihre eigenen Märchen. So haben ja auch die Brüder Grimm, als sie in einer Epoche nationaler Besinnung und französischer Besatzung sammelten und bearbeiteten, auf ihre politische und soziale Umwelt reagiert und den Traum ihrer Weltordnung im Märchenreich auferstehen lassen.

Die scheinbar so ungebundene Phantasiewelt Astrid Lindgrens, die sie in den letzten Jahren des Zweiten Weltkriegs zu entwerfen begann, dann vielfach in ihren Büchern weiterentwickelte und in ihrem bisher umfangreichsten, 1973 erschienenen Erzählwerk »Die Brüder Löwenherz« mächtig ausformte, ist deshalb auch nicht zufällig und willkürlich. Als die Autorin in dem von Krieg, faschistischem Weltmachtsstreben und grausamster Vernichtung und Zerstörung von

Menschen und Städten umgebenen Schweden 1944 ihre Pippi Langstrumpf schuf, geriet ihr sicher nicht von ungefähr gerade eine solche Figur, die als Inkarnation von Freiheit, Ungebundenheit, Menschlichkeit gelten kann, ein Superkind zugleich, das keinen Mangel ökonomischer Art kennt, Gutes tut, Fröhlichkeit verbreitet, nur gelegentlich die bürgerliche Ordnung etwas auflockert. Die Villa Kunterbunt ist wie eine Insel jenseits der verwalteten, eingeschränkten, regelmäßig funktionierenden und damit auch vorausberechenbaren Welt. Dieser Entwurf von totaler Freiheit kompensierte reale Enge, und insofern konnten deutsche Kinder nach dem Zweiten Weltkrieg froh sein, ein solches »Lehrstück« über ein ganz anderes Leben, als sie es gewohnt waren, kennenzulernen. Die Demonstration der freien Welt, die Ungebundenheit und die mitgegebene Illusion des »guten Menschen« Pippi Langstrumpf, der auch deshalb gut sein kann, weil er vieles zur Verfügung hat, ist allerdings, das muß man eingestehen, ein Zirkusstück, eine Clownerie, jenseits des Bereichs, in dem die »irdischen Kinder« Thomas und Annika zur Schule gehen müssen. Aber das aus den Fenstern der Kleinstadt zu beobachtende Utopia dort in der Villa Kunterbunt am Rande des Gemeinwesens wird von Astrid Lindgren plastisch und handfest ausgemalt. Allerdings: nicht Pippi, nicht ihre Begleitung (Affe und Pferd), auch nicht ihre Spielgefährten und die Bürger um sie herum verändern sich im Laufe der Geschichte. Ja, am Ende wird der Wunsch nach Erhaltung der Illusion, nach dem Bewahren vor dem wirklichen Leben ganz deutlich, indem die Kinder die Pillen schlukken, die angeblich das Größerwerden stoppen können. So flüchten sich die Hauptpersonen in die wunderbare Welt der Phantasie.

Daß Astrid Lindgren auf solche Weise ihr Kinderbuch enden läßt, deutet darauf hin, daß sie schon damals offensichtlich die Veränderbarkeit der Realität nicht zum Thema nehmen mochte. Ob sie selbst an einer solchen Möglichkeit

ASTRID LINDGREN
Pipi Duga Čarapa
Carlsson sul Tetto
Britta in

zweifelte? Oder ob sie meinte, ihre jugendlichen Leser würde ein illusionärer Schluß besonders freuen? Oder aber: Setzte Astrid Lindgren in der Zeit des endenden Zweiten Weltkriegs – vielleicht auch noch heute – im stillen auf eine Veränderbarkeit des Bewußtseins einzig durch das Erfahren des jeweils ganz Anderen im Bereich der Fiktion? Ist es die Weisheit der klugen Bauerstochter aus Småland, nicht auf die Schnelle und mit dem derben Mittel der Belehrung die Menschheit in den besseren Senkel zu stellen? Folgt sie unbewußt der Idee: Erst einmal die Gedanken – und zwar in Handlung gut verpackt, mit viel Humor! – und Einstellungen im Reich der Phantasie auflockern, dann wird sich die Veränderung aus dem Kopf und nicht aus den Muskeln ergeben. Hat sie es so gemeint?

Ich kann mir nicht denken, daß sich Astrid Lindgren der Bedeutung von Ideen und Utopien, die sie in die Welt gesetzt hat, nicht bewußt ist, auch wenn sie selbst einmal sagte: »Ich habe mir nicht das geringste dabei gedacht. Weder bei Pippi noch irgendeinem anderen Buch.« Zumindest ist uns Lesern erlaubt, Deutungen zu suchen. Da fragt sich denn, ob die Figur des »guten Menschen« aus der Villa Kunterbunt von Astrid Lindgren auch in anderen ihrer Bücher – mutatis mutandis – beibehalten worden ist. Mit anderen Worten: Läßt uns Astrid Lindgren von Buch zu Buch in andersgeartete Utopias umziehen? Karlssons skurriles Gehäuse und Mios Träume müßten zum Beispiel untersucht werden. Ich überspringe sie hier, nicht aber die Welt, in der sich die Brüder Löwenherz bewegen. Sie sind die bisher letzten Figuren innerhalb der im Kopf unserer Autorin entstandenen Phantasiewelten.

In dieser weiträumigen utopischen Erzählung Lindgrens dokumentiert nicht mehr ein Haus am Stadtrand die »andere Welt«, ein ganzer Kontinent ist vielmehr geschaffen worden, das Totenreich, in das die beiden Brüder nach ihrem frühen Kindertod kommen. Es ist, genauer besehen, ein Land in einem Kampf um Leben und Tod, kein Paradies in paradiesischem Zustand also. Und wiederum genauer besehen, ist das Totenreich ein Durchgangsland, hinter dem Nangilima liegt, das, so müssen wir aufgrund der Wiederkehr von Erwähnungen vermuten, nichts anderes enthält als das, was Nangijala, aber in Gefährdung durch das Böse, schon bietet. Der Tod – er wird von beiden Brüdern zweimal durchlebt – verliert in diesem Buch den Charakter des Endes, ist eher Durchgang, eine hoffnungsvolle Erlösung von dem jeweils erlittenen Bösen und Schmerzlichen, er eröffnet bessere Zukunft, läßt ein allerdings immer noch bedrohtes Paradies in Sicht geraten. Aber wie ist dieses Totenreich strukturiert, das mit seinen Tälern und Bergen, den Wäldern, Kirschen- und Heckenrosenbewachsungen, aber auch mit seiner mittelalterlichen Kultur von Burgen und Rittern, freien Bürgern, Handwerkern und Bauern in der »Zeit der Lagerfeuer und Abenteuer« äußerst plastisch beschrieben wird? In der ferngerückten Zeit, in die Astrid Lindgren das Geschehen verlagert, gibt es eine Idealität des menschlichen Daseins, nämlich im Kirschtal, wo jeder seinen Hof hat, wechselseitiger Hilfe gewiß ist, seinen eigenen Besitz – Pferde, Garten, Hof – frei verwaltet und in einer demokratisch organisierten Kommune Sitz und Stimme hat. Allerdings wird dieses friedvolle, glückliche Leben der Talbewohner von einem militant-despotisch regierten Staat von außen bedroht. Dessen Herrscher Tengil unterhält eine brutal dreinschlagende, hochgerüstete Schutztruppe, die strenge Kontrollen in den eroberten Gebieten ausübt; es gibt in dem finsteren Höllenreich Sklaverei, Unterdrückung, Standgerichtsbarkeit und – die mythologische Überhöhung wird hier am deutlichsten – einen im Dienst Tengils eingesetzten Drachen, ein Ungeheuer von übernatürlicher Zerstörungskraft. Diese Symbolfigur für eine böse Umwelt ist nicht unwichtig für die Erkenntnis der tieferen Bedeutung des ganzen Erzählwerks. Denn am Ende des siegreichen Kämpfens gegen das Reich des Bösen erwischen die Ausstrahlungen Katlas, des Drachen, auch den strahlenden Helden Jonathan Löwenherz. Sie lähmen ihn. Es bleibt nur der Sprung der Brüder – aus unendlicher Liebe zueinander zu zweit – in das nächste Utopia, das Land Nangilima.

Die Vorstellung der ewigen Wiederkehr, die ganz deutlich in diesem Buch sichtbar wird, verweist die Gedanken an Besserung und Fortschritt im menschlichen Dasein in die Kategorie des Denkbaren, aber nicht Eintretenden. Abgründig Böses, aus mythischem Urgrund unveränderbar Satanisches treibt die Guten unter den Menschen immer wieder in die Enge. So gesehen wird in den »Brüdern Löwenherz« ein sehr pessimistisch stimmendes Bild von der Welt gemalt. Denn daß es sich bei der Schilderung von Nangijala um ein Gleichnis handelt, bedarf kaum der Erwähnung. Die Antwort Astrid Lindgrens auf die Hitlerbarbarei mit Hilfe der exzentrischen, freien Pippi Langstrumpf folgt so fast dreißig Jahre später in den »Brüdern Löwenherz« wieder eine Antwort. Aber auf was? Auf die gesellschaftlichen Verhältnisse der siebziger Jahre? Es kann nicht anders sein, als daß der Verfasserin denen Trost spenden möchte, welche sich in unserer Gegenwart bedroht und bedrückt fühlen. Sie sieht in diesem Totenreich, in dem das freie Nangijala von der grausamen Diktatur in Karmanjaka umschnürt wird, ein Abbild der Verhältnisse unter uns Menschen heute, unter denen es Arme und Unterdrückte gibt, darunter auch kranke Kinder wie den kleinen Karl und edelmütig handelnde Brüder wie Jonathan. Sie erleiden beide den Tod für den andern und mit dem andern. Die Überwindung der Angst vor dem Tod ist für unsere Autorin das größte Beweisstück brüderlicher Liebe. Und die Lähmung durch das irrtümlich Böse kann jeden erreichen. Nicht haudegenhafte Tapferkeit nützt als Schutz, vielmehr allein die Reinheit mitmenschlicher Empfindung. Der Sprung in die Schutzlosigkeit radikalen Gutseins, den Astrid Lindgren in dem Buch ihren Helden abverlangt, wird vielleicht am deutlichsten dort, wo der friedvolle Held Jonathan einem Soldaten Tengils, also einem Repräsentanten und

Schergen des Bösen, das Leben rettet. Auf die Frage seines Bruders, ob seine Rettung »recht« sei, antwortet Jonathan: ». . . es gibt Dinge, die man tun muß, sonst ist man kein Mensch, sondern nur ein Häuflein Dreck.« Das ist das Bekenntnis zur Absurdität des Humanum.

Aus der Astrid Lindgren, die nach dem Zweiten Weltkrieg Optimismus verbreitete, ist eine Schriftstellerin geworden, die einer desolaten Welt einen Appell an die Brüderlichkeit, Freiheitsbewahrung, Nächstenliebe und Hilfsbereitschaft angesichts des für sie immer wiederkehrenden Bösen entgegensetzt. »Die Brüder Löwenherz« sind ein Buch der Verteidigung menschlicher Werte, ein Buch auch des Rückzugs in einen seelischen Innenraum, wo das Gerangel um den täglichen Kram, das Fortkommen des einzelnen, aber auch der Fortschritt in der menschlichen Gesellschaft nicht zur Debatte stehen.

Astrid Lindgren, Das grenzenloseste aller Abenteuer

Aus »Das entschwundene Land«
Deutsch von Anna-Liese Kornitzky

Als ich noch in die Vorschule ging, fragte die Lehrerin eines Tages, wozu Gott uns denn die Nase gegeben habe, und ein Knäblein antwortete treuherzig: »Um Rotz drin zu haben.«

Ach, Albin, wie konntest du nur etwas so Dummes sagen, hast du denn wirklich nicht gewußt, daß die Nase dazu da ist, damit wir uns gleich jungen Hunden durch unser Kinderleben schnuppern und schnüffeln und Seligkeiten entdecken? Mach es wie ich, Albin, lege fünf frisch gepflückte Walderdbeeren in einen Aluminiumbecher und stecke die Nase tief hinein, mehr ist nicht nötig, um dort im Becher des Sommers ganze Fülle zu finden. Oder drücke die Nase an einen der frisch gebackenen braunen Brotlaibe gerade in dem Moment, wenn die Mutter sie aus dem Ofen holt, duftet er nicht durch und durch nach Geborgenheit, nach traulichem Heim und Alltagsbehagen? Einen Duft aber gibt es, der lieblicher ist als der von Walderdbeeren und frisch gebackenem Brot, möchtest du den nicht mal riechen, Albin? Mach es wie ich, nimm dein neues Märchenbuch, schlage es auf und bohre die Nase zwischen die Seiten, rieche daran, ja rieche, sage ich . . . denn in dem Duft der Druckerschwärze wohnt das grenzenloseste aller Abenteuer. Am Geruch schon spürst du, wie herrlich es wird, dieses Buch zu lesen. Also verstehst du nun, Albin, daß die Nase nicht nur dazu da ist, um Rotz drin zu haben?

Ja, das grenzenloseste aller Abenteuer der Kindheit, das

war das Leseabenteuer. Für mich begann es, als ich zum erstenmal ein eigenes Buch bekam und mich da hineinschnupperte. In diesem Augenblick erwachte mein Lesehunger, und ein besseres Geschenk hat das Leben mir nicht beschert.

Heutzutage wissen ja wohl alle Eltern, daß ihre Kinder Bücher brauchen . . . oder etwa nicht? Falls es noch welche geben sollte, die das nicht wissen, dann kommt zu mir, liebe Freunde, damit wir darüber reden, denn mir liegt sehr viel daran, euch zu überzeugen. Ich weiß zwar nicht, was ihr euch für euer Kind erträumt und erhofft, aber ich weiß, daß es für alle Wechselfälle des Lebens besser gerüstet ist, wenn es lesehungrig ist.

Was eigentlich wünscht ihr euch für euer Kind . . . vielleicht zunächst einmal etwas so Banales wie, daß es in der Schule gut vorankommt? *Ja, aber dann müßt ihr ihm den Weg zum Buch weisen,* und zwar nicht nur zum Lehrbuch, sondern auch zu solchen Büchern, die seine Lesegier einzig und allein dadurch wecken, daß sie lustig und spannend sind. Ist es nicht wunderbar, daß euer Kind nur dadurch, daß es etwas tut, was ihm Spaß macht, sich um vieles besser ausdrücken und schreiben lernt und so viel mehr über die Welt erfährt, selbst über so was, das man in der Schule können muß?

Habt ihr guten Kontakt zu eurem Kind? Oder kapselt es sich in einer eigenen Welt ab, zu der ihr keinen Zutritt habt? Wünscht ihr mitunter, ihr wüßtet ein wenig mehr darüber, was in ihm vorgeht? *Ja, aber dann müßt ihr ihm den Weg zum Buch weisen!* Zusammen mit eurem Kind müßt ihr lustige oder auch traurige Bücher lesen, egal welche. Eins weiß ich, ihr werdet bald entdecken, daß diese Bücher das beste Verbindungsglied sind, das es gibt. Vertrautheit stellt sich ein, wenn ihr zusammen über ein Buch lacht oder weint. Und vieles von dem, was euer Kind innerlich beschäftigt hat, kommt zur Sprache, wenn ihr euch über das Gelesene unterhaltet.

Was erwünscht und erhofft ihr euch noch für euer Kind? Womöglich hegt ihr gar sehr hohe Erwartungen und träumt davon, daß es eines Tages zu denen gehört, die die Welt verändern und sie zu einem besseren Platz für die Menschen machen? Einige müssen ja in jeder Generation zu den Wegbereitern der Menschheit gehören, warum nicht auch euer Kind? *Ja, aber dann müßt ihr ihm den Weg zum Buch weisen!* Und das muß jetzt gleich geschehen, denn findet es den Weg nicht als Kind, dann findet es ihn nie und wird auch nie ein Weltverbesserer, glaubt mir! Ihr könnt ja einmal die Probe aufs Exempel machen. Nehmt zehn jetzt lebende Menschen, die ihr hochschätzt und von denen ihr meint, daß sie wirklich etwas für die Menschheit geleistet haben, geht zurück bis in ihre Kindheit, blättert die Jahre um, und ich bin davon überzeugt, ihr findet zehn kleine Leseratten. Vielleicht waren es nicht immer sogenannte »gute« Bücher, die sie gelesen haben, aber *gelesen* haben sie, dessen bin ich sicher. Die Bücher gaben ihrer Phantasie Nahrung, und Phantasie war genau das, was sie brauchten, als sie sich als Erwachsene anschickten, die Welt zu verändern. Denn alles, was geschieht, muß zunächst einmal in der Phantasie eines Menschen Gestalt annehmen, wie sonst sollte es entstehen?

Nun will dies natürlich nicht besagen, daß alle Leseratten und Bücherwürmer mit der Zeit zu schöpferischen Menschen und Neugestaltern heranwachsen, und vielleicht sind eure Träume für euer Kind auch gar nicht so hochfliegend. Ihr wünscht euch nur, daß es, wo immer sein Platz in dieser Welt später sein mag, einigermaßen glücklich werde. Zum Glück oder Unglück eures Kindes könnt ihr nicht allzuviel beitragen. Eins aber könnt ihr tun, ihr könnt ihm zeigen, wo Trost zu finden ist, wenn es traurig ist, und wo Freude und Schönheit zu finden sind, wenn das Leben ihm grau erscheint, und überdies könnt ihr ihm Freunde schenken, die nie enttäuschen . . . *ja, ihr könnt ihm den Weg zum Buch weisen!* Aber wie gesagt, es muß gleich geschehen. Jetzt gleich, wo euer

Kind sechs oder acht oder zehn oder zwölf Jahre alt ist, da muß es geschehen. Hinterher ist es zu spät. Zu spät für Schneewittchen und Doktor Doolittle, zu spät für Tom Sawyer und Robinson Crusoe, zu spät für so viele Freude und so viele aufregende Erlebnisse, endgültig zu spät. Zu spät, um den Weg zu finden, der zu dem grenzenlosesten aller Abenteuer führt.

Bild von Ilon Wikland
aus »Astrid Lindgren/Ilon Wikland, Na klar, Lotta kann radfahren!«

Astrid Lindgren, Lotta zieht aus

Aus »Lotta zieht um«
Zeichnungen von Ilon Wikland
Deutsch von Thyra Dohrenburg

Nun war es aber Zeit, daß Mama einkaufen ging. Darum kam sie ins Kinderzimmer und sagte:

»Mach schnell und sei wieder artig, Lotta, und zieh den Pullover an. Dann darfst du mitkommen zum Einholen.«

Einholen, das war das Schönste, was es für Lotta gab. Aber der Pullover, den sie anziehen sollte, lag ja im Papierkorb und war zerschnitten. Und da hob Lotta von neuem ein Geschrei an, das bis zu Tante Berg zu hören war.

»Was in aller Welt ist mit dir los, Lotta?« fragte Mama. »Hast du die Absicht, den ganzen Tag solchen Krach zu machen? Ja, dann muß ich wohl allein einholen gehen.«

Und dann ging Mama.

Lotta saß auf dem Fußboden und schrie, solange sie konnte. Dann wurde sie still und begann zu überlegen.

Es würde noch so kommen, sagte sich Lotta, daß sie ihr ganzes Leben lang im Kinderzimmer sitzen mußte bloß wegen dieses Pullovers. Alle anderen gingen einkaufen und gingen in die Schule und ins Büro oder hatten etwas anderes Schönes vor, aber Lotta mußte ganz allein ohne Kleid mit dem Teddy im Kinderzimmer auf dem Fußboden sitzen.

»Da ist es schon besser, wir gehen weg«, sagte Lotta zum Teddy.

O gewiß, man konnte ja gehen. Maja, die Hausgehilfin von Frau Larsson, war auch gegangen. Es hätte ihr bei Larssons nicht gefallen, sagte Mama.

»Und mir gefällt es bei Nymans nicht«, sagte Lotta zum Teddy.

Nymans, das waren Mama und Papa, Jonas und Mia-Maria – und dann natürlich Lotta selbst.

»Die sind so häßlich zu mir, die Nymans«, sagte Lotta. »Es geschieht ihnen ganz recht, wenn wir weggehen.«

Lotta beschloß, sofort auszuziehen.

»Wir müssen schnell machen, sonst kommt Mama wieder nach Hause«, sagte sie zum Teddy, »und dann geht es nicht mehr.«

Aber sie wollte nicht weggehen, ohne daß es bemerkt wurde. Mama sollte es wissen, und sie sollte weinen, weil Lotta nicht mehr da war. Darum nahm sie jetzt Papier und Bleistift und schrieb einen Zettel an Mama.

Jonas hatte ihr das Lesen und Schreiben der Druckbuchstaben beigebracht. Es war ziemlich schwer, aber es ging, und auf dem Zettel stand folgendes:

ICH BIN WEKESOGEN KUKT IM PAPIRKORP

Das sollte heißen:

Ich bin weggezogen, guckt in den Papierkorb.

»Dann weiß Mama gleich, weshalb ich weggezogen bin«, sagte Lotta.

Und dann nahm sie ihren Teddy und zog aus. Wie sie ging und stand, nur mit Hemdchen und Höschen und Strümpfen bekleidet. Vorher ging sie noch schnell in die Küche und trank den Kakao. Das Käsebrot nahm sie mit und aß es auf dem Flur auf.

Astrid Lindgren, Als Michel den Kopf in die Suppenschüssel steckte

Aus »Michel in der Suppenschüssel«
Zeichnungen von Rolf Rettich
Deutsch von Karl Kurt Peters

An diesem Tage hatten sie auf Katthult Rindfleischsuppe zu Mittag. Lina hatte die Suppe in der mit Blumen bemalten Suppenschüssel aufgetragen, und alle saßen um den Küchentisch und aßen ihre Suppe. Besonders Michel – man hörte es, wenn er sie aß.

»Mußt du derartig schlürfen?« fragte seine Mutter.

»Ja, sonst weiß man doch nicht, daß es Suppe ist«, sagte Michel.

Alle durften essen, soviel sie konnten, und dann war die Schüssel leer. Es war nur noch ein ganz kleiner Rest auf dem Schüsselboden übriggeblieben. Diesen Rest wollte Michel haben, und die einzige Möglichkeit, an ihn heranzukommen, war, den Kopf in die Suppenschüssel zu stecken und den Rest auszuschlürfen. Das tat Michel, und sie hörten sehr deutlich, wie er dort drinnen schlürfte.

Aber dann wollte Michel den Kopf wieder herausziehen, und – kaum zu glauben – es ging nicht. Er saß fest. Nun bekam er Angst und sprang vom Tisch auf, und da stand er, die Suppenschüssel wie einen Kübel auf dem Kopf. Sie reichte weit herunter, über beide Augen und Ohren. Michel zerrte an der Schüssel und schrie. Lina wurde auch ängstlich.

»Unsere schöne Suppenschüssel«, sagte sie. »Unsere feine, blumige Suppenschüssel! Wo hinein sollen wir jetzt die Suppe tun?«

Denn wenn Michel in der Suppenschüssel war, konnte

keine Suppe hinein, so viel verstand sie, wenn sie auch sonst nicht viel verstand.

Aber Michels Mutter dachte mehr an Michel.

»Lieber Himmel, wie sollen wir den Jungen da herausbekommen? Wir müssen den Schürhaken nehmen und die Schüssel zerschlagen.«

»Bist du von Sinnen!« rief Michels Vater. »Die Schüssel hat doch vier Kronen* gekostet!«

»Ich werde es mal versuchen«, sagte Alfred, der ein starker und tüchtiger Kerl war. Er packte die beiden Henkel und hob die Suppenschüssel mit aller Kraft hoch. Aber was half das? Michel ging mit hoch, denn er saß fürwahr gründlich fest. Und da hing er nun und zappelte mit den Beinen, um wieder auf den Fußboden zu kommen.

»Laß sein! Laß mich runter! Laß sein, habe ich gesagt!« schrie er. Und da ließ Alfred es sein.

Nun waren alle richtig traurig. Sie standen in der Küche um Michel herum und dachten nach. Vater Anton, Mutter Alma, die kleine Ida, Alfred und Lina. Keiner wußte, wie Michel aus der Suppenschüssel herauszubekommen war.

»Seht doch, Michel weint«, sagte die kleine Ida und zeigte auf ein paar dicke Tränen, die unter dem Rand der Suppenschüssel hervorsickerten und langsam an Michels Backen herunterrollten.

»Das tue ich nicht«, sagte Michel. »Das ist Fleischsuppe.«

Er schien so trotzig zu sein wie immer, aber besonders lustig war es wohl nicht, in einer Suppenschüssel festzusitzen. Und was sollte nur werden, wenn er die Suppenschüssel nie mehr loswurde? Armer Michel, wann sollte er dann wohl seine »Müsse« aufsetzen?

Michels Mutter tat ihr kleiner Junge leid. Wieder wollte sie den Schürhaken nehmen und die Schüssel zerschlagen, aber der Vater sagte:

* Schwedisches Geld: 1 Krone = 100 Öre

»Nie im Leben! Die Schüssel hat vier Kronen gekostet. Da ist es schon besser, wir fahren nach Mariannelund zum Doktor. Er wird sie schon loskriegen. Sicher nimmt er nur drei Kronen, und wir haben auf diese Weise eine Krone verdient.«

Michels Mutter fand diesen Einfall gut. Schließlich kann man nicht jeden Tag so leicht eine Krone verdienen. Wenn man bedenkt, wieviel Hübsches man dafür kaufen konnte, vielleicht etwas für Klein-Ida, die zu Hause bleiben mußte, während Michel unterwegs war und auf dem Wagen fuhr.

Jetzt hatten sie es eilig auf Katthult. Michel sollte feingemacht werden, er mußte gewaschen werden, und man mußte ihm seinen besten Anzug anziehen. Ihn kämmen konnte man ja nicht und auch nicht ihm die Ohren waschen, obwohl das sehr nötig war. Seine Mutter versuchte allerdings, einen Zeigefinger unter die Suppenschüsselkante zu schieben, um Michels Ohren wenigstens etwas sauberzumachen, aber das endete schlecht, denn sie blieb in der Suppenschüssel stecken, sie auch.

»Jaja, so geht es«, sagte die kleine Ida, und Vater Anton wurde richtig wütend, obgleich er doch sonst so nett war.

»Will sich vielleicht noch jemand in der Suppenschüssel festklemmen?« schrie er. »Macht das nur, dann kann ich gleich den großen Heuwagen nehmen und ganz Katthult zum Doktor nach Mariannelund verfrachten.«

Aber Michels Mutter zog kräftig und bekam den Finger wieder heraus.

»Du kannst mit ungewaschenen Ohren fahren, Michel«, sagte sie und pustete auf ihren Finger. Da erschien ein zufriedenes Lächeln unterhalb der Suppenschüsselkante, und Michel sagte:

»Das ist der erste richtige Nutzen, den ich von dieser Suppenschüssel habe.»

Aber nun war Alfred mit Pferd und Wagen an der großen Treppe vorgefahren, und Michel kam heraus, um in den Wagen zu klettern. Er sah sehr fein aus in seinem gestreiften Sonntagsanzug und seinen schwarzen Knöpfstiefeln – na ja, er sah vielleicht etwas ungewöhnlich aus mit der Suppenschüssel auf dem Kopf, aber sie war mit Blumen bemalt und schön und glich beinahe einer Art neumodischem Sommerhut. Nur daß dieser Hut ziemlich tief über Michels Augen herunterreichte.

Und nun wollten sie sich auf den Weg nach Mariannelund machen.

»Paßt gut auf Klein-Ida auf, während wir fort sind«, rief die Mutter. Sie saß mit dem Vater auf dem Vordersitz. Auf dem hinteren Sitz saß Michel mit der Suppenschüssel. Und seine »Müsse« hatte er neben sich auf dem Sitz. Er mußte doch auch etwas auf dem Kopf haben, wenn er nach Hause fuhr. Wie gut, daß er daran gedacht hatte!

»Was soll ich zum Abendbrot kochen?« schrie Lina, gerade als der Wagen davonrollen wollte.

»Mach, was du willst«, rief Michels Mutter. »Ich habe jetzt an anderes zu denken.«

»Dann koche ich wohl Rindfleischsuppe«, sagte Lina. Aber im selben Augenblick sah sie etwas Geblümtes hinten an der Wegbiegung verschwinden, und sie dachte daran, was geschehen war. Sie wandte sich sorgenvoll zu Alfred und der kleinen Ida.

»Es wird wohl statt dessen Brot und kaltes Schweinefleisch geben«, sagte sie.

Michel war schon mehrere Male nach Mariannelund gefahren. Ihm hatte es gefallen, dort hoch oben auf dem Pferdewagen zu sitzen und auszuschauen, wie der Weg sich bog, und die Höfe zu sehen, an denen er vorbeifuhr, und die Kinder, die in den Höfen wohnten, und die Hunde, die hinter den Zäunen bellten, und die Pferde und Kühe, die auf den Wiesen weideten.

Aber jetzt war es weniger schön. Jetzt saß er da mit einer Suppenschüssel über den Augen und sah nur ein kleines Stück von seinen eigenen Knöpfstiefeln – durch den schmalen Spalt unter der Suppenschüsselkante. Immerfort mußte er seinen

Vater fragen: »Wo sind wir jetzt? Sind wir schon am Pfannkuchenhof vorbeigefahren? Kommen wir bald zur Schweinestelle?«

Michel hatte sich nämlich für alle Höfe, die am Wege lagen, eigene Namen ausgedacht. Pfannkuchenhof hieß ein Hof, weil dort einmal zwei dicke Kinder am Zaun gestanden und Pfannkuchen gegessen hatten, als Michel vorbeigefahren war. Und die Schweinestelle war nach einem kleinen lustigen Schweinchen benannt, dem Michel manchmal den Rücken kratzte.

Aber jetzt saß Michel dort im Dunkeln mit der Schüssel auf dem Kopf und sah hinunter auf seine Knöpfstiefel und sah

weder Pfannkuchen noch ein lustiges Schweinchen. Kein Wunder, daß er nörgelte:

»Wo sind wir jetzt? Kommen wir nicht bald nach Mariannelund?«

Das Wartezimmer des Arztes war voller Menschen, als Michel mit seiner Suppenschüssel eintrat. Alle, die dort saßen, bedauerten ihn sofort. Sie begriffen, daß ein Unglück geschehen war. Nur ein kleiner alter Mann lachte boshaft, als sei es etwas Lustiges, in Suppenschüsseln festzustecken.

»Hohoho«, lachte der Alte. »Frierst du an den Ohren?«

»Nein«, sagte Michel.

»So? Wozu brauchst du dann aber den Ohrenschützer?«

»Weil ich sonst an den Ohren friere«, sagte Michel. Er konnte wahrhaftig witzig sein, wenn er auch klein war.

Aber dann durfte Michel zum Doktor hinein, und der Doktor lachte nicht über ihn. Er sagte nur:

»Guten Tag, guten Tag! Was machst du da drinnen?«

Michel konnte den Doktor zwar nicht sehen, aber begrüßen mußte er ihn jedenfalls. Deshalb verbeugte er sich, so tief er konnte – mitsamt der Suppenschüssel natürlich. Da krachte es. Päng, war zu hören, und da lag die Suppenschüssel und war in zwei Teile zersprungen. Denn so hart hatte Michels Kopf auf den Schreibtisch des Doktors geschlagen.

»Da sind vier Kronen in Scherben gegangen«, sagte Michels Vater leise zur Mutter. Doch der Doktor hörte es.

»Ja, aber Sie haben trotzdem eine Krone verdient«, sagte er. »Denn ich pflege fünf Kronen zu bekommen, wenn ich kleine Jungen aus der Suppenschüssel heraushole. Und er hat ja nun die Sache selbst erledigt.«

Da wurde Michels Vater froh, und er war Michel dankbar, daß er die Schüssel zerbrochen und eine Krone verdient hatte. Schnell nahm er die Schüsselhälften und Michel und Michels Mutter und ging.

Aber als sie auf die Straße kamen, sagte die Mutter: »Wie

schön, jetzt haben wir eine Krone verdient! Was wollen wir dafür kaufen?«

»Hier wird nichts gekauft«, sagte der Vater. »Die Krone werden wir sparen. Aber es ist nicht mehr als recht und billig, wenn Michel fünf Öre bekommt, die darf er zu Hause in sein Sparschwein stecken.«

Und er nahm sofort ein Fünförestück aus seiner Geldbörse und gab es Michel. Ob Michel da wohl glücklich war!

Und dann machten sie sich auf den Weg nach Hause, nach Lönneberga. Michel saß auf der hinteren Sitzbank mit dem Fünförestück in der Faust und seiner »Müsse« auf dem Kopf und sah vergnügt auf alle Kinder und Hunde und Pferde und Kühe und Schweine hinab, an denen sie vorbeifuhren.

Wäre Michel nun ein gewöhnlicher Junge gewesen, so wäre an diesem Tage nichts mehr passiert. Aber Michel *war* kein gewöhnlicher Junge. Vergnügt, wie er so dasaß, steckte er das Fünförestück in den Mund, und gerade als sie an der Schweinestelle vorbeifuhren, hörte man vom Hintersitz ein kleines Plopp. Das war, als Michel das Fünförestück verschluckte.

»Oh«, sagte Michel, »wie schnell das ging!«

Nun gab es neuen Jammer bei Michels Mutter.

»Lieber Himmel, wie sollen wir die fünf Öre aus dem Jungen herausbekommen? Wir müssen zum Doktor zurückfahren.«

»So, du kannst aber rechnen«, sagte Michels Vater. »Sollen wir dem Doktor fünf Kronen bezahlen, um ein Fünförestück zurückzubekommen? Was hattest du nur für ein Zeugnis im Rechnen, als du zur Schule gingst?«

Michel aber nahm die Sache ruhig. Er klopfte sich auf den Magen und sagte:

»Ich kann ganz allein mein eigenes Sparschwein sein und meine fünf Öre genausogut im Magen haben wie im Sparschwein zu Hause. Denn dort bekommt man auch nichts heraus. Ich habe es mit einem Küchenmesser versucht, ich weiß es also.«

3X

Aber Michels Mutter gab nicht nach. Sie wollte zurück zum Doktor nach Mariannelund.

»Ich habe damals nichts gesagt, als er alle Hosenknöpfe verschluckt hatte«, erinnerte sie. »Aber ein Fünförestück ist schon wesentlich größer, das kann böse ausgehen, glaub mir!«

Und sie schaffte es, den Vater so aufzuschrecken, daß er das Pferd wendete und nach Mariannelund zurückfuhr. Denn Michels Vater hatte wahrlich auch Angst um seinen Jungen.

Außer Atem kamen sie zum Arzt hinein.

»Haben sie etwas vergessen?« fragte der Arzt.

»Nein, Herr Doktor, es ist nur ... der Michel hat ein Fünförestück verschluckt«, sagte Michels Vater. »Also wenn sie ihn ein wenig operieren würden ... für vier Kronen oder so ... Das Fünförestück könnten Sie ja auch behalten ...«

Aber da zupfte Michel seinen Vater an der Jacke und flüsterte:

»Versuch das nur nicht! Es ist mein Fünförestück.«

Der Doktor dachte nicht daran, Michel sein Fünförestück wegzunehmen. Eine Operation wäre nicht nötig, sagte er, das Fünförestück würde trotzdem in einigen Tagen wieder erscheinen.

»Aber du könntest vielleicht fünf Brötchen essen«, sagte der Doktor, »dann hat dein Fünförestück etwas Gesellschaft und kann dich nicht im Magen kratzen.«

Welch ein wunderbarer Doktor! Und bezahlen ließ er sich auch nicht. Michels Vater war zufrieden; es war ihm anzusehen, als sie alle drei wieder auf der Straße standen.

Jetzt wollte aber Michels Mutter sofort zu Anderssons in die kleine Bäckerei gehen und für Michel fünf Brötchen kaufen.

»Kommt nicht in Frage«, sagte der Vater. »Wir haben doch Brötchen im Hause.«

Michel dachte nach. Er war tüchtig darin, das eine oder das andere auszurechnen, und hungrig war er auch. Deshalb sagte er:

»Ich habe da drinnen ein Fünförestück liegen. Wenn ich nur darankäme, könnte ich mir meine Brötchen ja selbst kaufen.«

Er dachte noch ein wenig nach und sagte dann:

»Vater, kannst du mir nicht für einige Tage fünf Öre borgen? Du bekommst sie zurück – Ehrenwort!«

Da gab Michels Vater nach, und sie gingen zu der kleinen Bäckerei und kauften für Michel fünf Brötchen, sehr, sehr gute Brötchen, rund und hellbraun und mit Zucker drauf. Michel aß sie schnell auf.

»Das war die beste Medizin, die ich in meinem Leben bekommen habe«, sagte er.

Jetzt war der Vater plötzlich so heiter und aufgeräumt, daß er nicht mehr wußte, was er tat.

»Wir haben ja trotzdem an diesem Tag ziemlich viel Geld verdient«, sagte er und kaufte ohne weiteres für fünf Öre Zuckerstangen für die kleine Ida zu Hause.

Danach fuhren die Katthulter zurück nach Katthult.

Michels Vater war kaum zur Tür herein, hatte kaum Jacke und Hut abgelegt, da nahm er die Hälften der Suppenschüssel und kittete sie zusammen. Das war keine Kunst, denn sie war ja nur in zwei Teile zersprungen.

Lina war darüber so glücklich, daß sie einen Luftsprung machte, und sie rief Alfred zu, der damit beschäftigt war, das Pferd auszuspannen:

»Jetzt gibt es wieder Rindfleischsuppe hier auf Katthult!«

Ja, das glaubte Lina! Sie mußte Michel vergessen haben.

An diesem Abend spielte Michel unwahrscheinlich viel mit der kleinen Ida. Er baute ihr ein Spielhaus draußen zwischen den Steinen im Gehölz. Sie fand das wundervoll. Und er kniff sie nur ab und zu ein wenig, wenn er ein Stück von ihrer Zuckerstange haben wollte.

Aber dann wurde es dunkel, und Michel und Klein-Ida fanden, es sei Zeit, hineinzugehen. Sie gingen in die Küche, um zu sehen, ob ihre Mutter dort war. Keiner war dort. Nur die Suppenschüssel. Sie stand auf dem Tisch, zusammengekittet und schön. Michel und die kleine Ida stellten sich vor den Tisch, um die seltsame Schüssel anzusehen, die den ganzen Tag umhergefahren worden war.

»Denk nur, bis nach Mariannelund«, sagte Klein-Ida. Und dann sagte sie:

»Wie hast du das nur geschafft, Michel, den Kopf in die Schüssel zu stecken?«

»Das war doch keine Kunst«, sagte Michel. »Ich habe es nur *so* gemacht!«

Gerade da kam die Mutter in die Küche. Und das erste, was sie sah, war Michel, der da stand mit der Suppenschüssel über dem Kopf. Michel zerrte an der Schüssel, die kleine Ida schrie. Michel schrie auch. Denn nun saß er ebenso gründlich fest wie vorher.

Da nahm seine Mutter den Schürhaken und schlug damit auf die Suppenschüssel, daß es wie ein Donnerschlag über ganz Lönneberga tönte, und die Suppenschüssel sprang in tausend Stücke. Die Scherben fielen wie ein Regen über Michel.

Michels Vater war draußen im Schafstall; er hatte den Lärm gehört, und nun kam er angerannt.

Er blieb auf der Küchenschwelle stehen. Still stand er da und sah Michel und die Scherben und den Schürhaken, den Michels Mutter in der Hand hielt.

Der Vater sagte kein Wort. Er drehte sich um und ging zurück in den Schafstall.

Zwei Tage später aber bekam er von Michel fünf Öre, das war zumindest ein kleiner Trost.

Ja, nun weißt du ungefähr, wie Michel war. Es war Dienstag, der 22. Mai, als das geschah, das mit der Suppenschüssel.

Walter Scherf, Hommage an Astrid Lindgren

Auf der Pressekonferenz aus Anlaß der Verleihung des Raiffeisen-Kulturpreises 1978 in München an Astrid Lindgren

Als ich kurz nach dem Krieg zum erstenmal nach Schweden kam, erzählte mir der Fahrer des Direktors einer Papierfabrik eine alte Geschichte, die ich später von anderen Småländern noch mehr als einmal zu hören bekam. Als der liebe Gott das herrliche Skåne in Südschweden erschuf, sagte Manne Ingstrand (er saß auf dem Trittbrett eines schwarzen Chryslers und sog an seiner kurzen Pfeife), eine Landschaft wie ein Park, mit träumerischen Seen und lieblichen Hainen, da schlich der Teufel vorbei, sah es, stieg über die nördlichen Hügel und machte aus der angrenzenden Hochfläche eine unwirtliche, steinige Ödnis. Der liebe Gott entdeckte, was der Widersacher angerichtet hatte – und ließ es dabei. Aber hatte der Teufel das Land gemacht, so machte er die Menschen, die damit fertig zu werden vermochten: zäh und fleißig, fröhlich und tapfer.

Astrid Lindgren ist Småländerin. Sie ist auf Näs bei Vimmerby in einem småländischen Bauernhaus mit weißen Fensterrahmen geboren, das so dunkelrot ochsenblutfarben gestrichen ist wie alle anderen schwedischen Bauernhäuser auch. Auf Näs verlebte sie eine solch unvergeßliche Kindheit, Jahre, die so reich an glücklichen Erlebnissen waren, daß alle ihre Bücher wie eine Niederschrift der Erinnerungen zustande kamen, wie ein Gang durch das schmale Tor der Kindheit. Es ist merkwürdig, wie weitgehend Astrid Lindgrens Berichte von diesem Pfarr-Pachthof im südlichen Schweden der Welt

Verleihung des Raiffeisen-Kulturpreises 1978 durch den Vorsitzenden des Vorstandes des Bayerischen Raiffeisenverbandes Dr. Hellmut Horlacher an Astrid Lindgren

ihrer Erzählungen entsprechen. Die Dänin Ellen Buttenschøn hat ein ganzes Buch über den Wirklichkeitsgehalt in Astrid Lindgrens Erzählungen geschrieben. Aus Umwelt, Ereignissen und Gestalten wird das alte Småland lebendig, wie es Astrid Lindgren in ihrer Kindheit selber erlebte und, mehr noch, wie es ihr vom Vater aus dessen Kindheit geschildert wurde.

Auf Kinderbriefe ebenso wie auf Fragen erwachsener Freunde ihrer Erzählkunst antwortet sie immer wieder mit neuen Einzelheiten. Wenn sie schreibt, wo das Bullerbü ihrer Bücher tatsächlich liegt, so ist es Näs bei Vimmerby. Und was in den Bullerbü-Büchern geschieht, geschah, als Astrid Lindgren mit ihren drei Geschwistern rund um das alte Haus, im Garten, auf den wacholderbestandenen Heiden, im Moor, hinter flechtenüberwachsenen Findlingsblöcken und in den unergründlichen Wäldern selbstvergessen spielte. Sehr nachdenklich wird man, wenn gerade diese Erzählerin, die so viele Kinder glücklich machte, als Grundton all ihrer Erinnerungen die Liebe ihrer Eltern zueinander beschreibt: ». . . und ich glaube, daß nicht ein einziger Tag während ihrer ganzen Ehe vergangen ist, an dem der Vater nicht erzählte, wie wunderbar diese Ehe sei.«

Die Krönung ihres Werkes sind für mich die drei Bücher von dem unentwegt Lausbubenstreiche ausheckenden Michel in Lönneberga, für den am Ende des ersten Buches die Leute aus dem Ort Geld sammeln, um den dickköpfigen und sehr erfinderischen Tunichtgut nach Amerika zu schicken. Es versteht sich, daß ihnen die Mutter das Geld vor die Füße wirft. Nie in ihrem Leben wird sie den Jungen fortgeben. Sie redet ihm zwar ins Gewissen, mit dem Schulbeginn ein braves Leben anzufangen. Als aber Michel gerade dafür nicht einstehen kann, nimmt sie ihn wie er ist. Michel in Lönneberga ist ein Schulbeispiel für Astrid Lindgrens ungewöhnlich enges Verhältnis zu ihren Lesern. Alle ihre Erzählungen entsprechen unmittelbar den Leseerwartungen, sind Einladungen zum abermaligen Durchspielen eines Kindheitskonfliktes. Schauen Sie selbst, wie die Erzählerin ihr Psychodrama im ersten Lönneberga-Buch anlegt:

Michel ist wegen seiner Streiche und seiner Dickköpfigkeit berüchtigt. Nach der Schilderung dieser Ausgangslage, in der sich so gut wie jeder kräftig um seine Anerkennung ringende kleine Leser spontan wiedererkennt, werden drei typische Streiche erzählt. Diese drei Episoden sind in sich geschlossen. Erstens: Die hemmungslose Hingabe an die Fleischsuppe führt zum Steckenbleiben in der Schüssel, ein Mißgeschick, das seines komischen Effektes halber verdoppelt wird. Zweitens: Ein anderer Streich wird, wie schon so oft, durch Einsperren quittiert. Aber Michel versteht es, die Strafe in den Höchstgenuß eines Festessens zu verwandeln, von dem er ausgesperrt sein sollte. Ja, er ißt den anderen nicht nur das Beste weg, sondern wird auch noch zum unbestreitbaren Mittelpunkt der Gesellschaft. Drittens: Was andere können, kann Michel schon lange. Er reitet selbstsicher zum Volksfest der Lönneberger und verdient sich sogar das Rummelplatzgeld auf eigene Kappe. Michels Streiche sind Herausforderungen aus seiner Konfliktlage. Sie schaffen ihm Anerkennung. Die Summe der drei erfolgreich durchgestandenen Abenteuer ist eine unverbrüchliche Zusage: Michel – und du, lieber Leser, mit ihm – ihr seid und bleibt angenommen und geliebt, gerade so wie ihr seid. Am Ende wissen Michel und mit ihm der kleine Leser tief befriedigt, daß sie nicht nur trotz, sondern vermutlich sogar wegen ihrer Streiche, also des Durchstehens der Ich-Herausforderung, um einiges mehr geliebt werden.

Astrid Lindgren hat viele Bücher geschrieben. Die Übersetzungen werden in Ost und West gleichermaßen gelesen. Es ist keine Kuriosität, daß es beispielsweise kirgiesische Lindgren-Bücher gibt, nur der Beweis einer erzählerischen Entsprechung allgemeiner Leseerwartungen zum Selberdurcharbeiten von Entwicklungs-, Ablösungs-, Selbstfindungskonflikten. Die stille schwedische Erzählerin, die einmal ihr geliebtes Småland hinter sich ließ, nach Stockholm ging, Stenografie lernte und als Sekretärin beim Königlichen Automobilklub zu arbeiten begann, hat mehr Ehrungen und Auszeichnungen erfahren als irgendein anderer Kinderbuchverfasser der Welt. Mit der Internationalen Jugendbibliothek ist sie seit der Gründungszeit verbunden. Sie ist eines der längstjährigen Mitglieder des Vereins IJB, Sie verstehen gewiß, wenn ich es eigens erwähne, denn wir sind dankbar und glücklich, daß sie über Jahrzehnte hinweg stetig und freundschaftlich mit uns verbunden ist. Den Hans-Christian-Andersen-Preis, den einzig dastehenden Internationalen Kinderbuchpreis, erhielt sie 1958 in Florenz (insbesondere für »Rasmus på luffen«. 1956, Dt.: Rasmus und der Landstreicher. 1957).

Wie »Pippi Langstrumpf« zustande kam, ist eine Geschichte für sich, oft erzählt und wohl auch allgemein bekannt. Daß »Pippi Langstrumpf« nicht überall sogleich mit dem Enthusiasmus aufgenommen wurde, den man ihr heute entgegenbringt, sollte man nicht unerwähnt lassen. Als frühere Redakteure der Fachzeitschrift »Jugendliteratur« können meine Frau und ich von allerlei Artikeln berichten, in denen sich empörte »Buchmittler« unterschiedlicher Berufe aufgeschreckt gegen die ihnen allzu selbstsicher erscheinende Pippi Langstrumpf und ihre Respektlosigkeit zur Wehr setzten.

Auch über das sehnsüchtige Märchen »Mio, mein Mio« haben sich die Schreibtisch-Theoretiker die Köpfe heiß geredet, und die »Brüder Löwenherz« waren ein Schock. Und dennoch, sie und manch anderer Titel des reichen Œuvres sind bereits zu Lebzeiten ihrer Autorin zu Kinderbuchklassikern geworden, zum unveräußerlichen Bestand unserer Zeit.

Was Astrid Lindgren von Bullerbü erzählt, läßt die Kinder davon träumen, nach Bullerbü umzuziehen und endlich richtige Spielkameraden zu haben. Die fantastische Erzählung »Karlsson vom Dach« ist eine Einladung, mit Hilfe des heimlichen Spielkameraden Taten zu tun, die man sich allein und verloren nicht zugetraut hätte. Und die Småland-Erzählungen von Michel aus Lönneberga, die ihren Platz in der Reihe der Lausbubenklassiker von Mark *Twain* und Ludwig *Thoma* gefunden haben, sind eine große Provokation der Ichfindung, voller Humor, Menschlichkeit und in menschlicher Realität verankerter Weisheit.

Astrid Lindgren hat das Leben unserer Kinder mit Lachen und Weinen reich gemacht, indem sie sich unbeirrt von wechselnden Tagesaspekten auf ihre eigenen Erfahrungen und allgemeingültigen Kindheitserlebnisse verließ und von trauernden und frohen, einsamen oder geliebten Kindern erzählte, von tollen Streichen, tiefer Verlassenheit und unstillbarer Sehnsucht. Sie vermochte das alles, weil sie den unverlierbaren Schatz an glücklicher Kindheit in sich trägt und auch die Kindheit ihrer Eltern übernommen und gewissermaßen selbst durchlebt hat. Eine solche Erfahrung vermittelt Vertrauen, Geborgenheit und den Mut, den Konfrontationen des eigenen Weges nicht auszuweichen. Und dafür werden wir, als ihre Leser, Astrid Lindgren stets dankbar bleiben.

Astrid Lindgren, Karlsson baut einen Turm

Aus »Karlsson vom Dach«
Zeichnungen von Ilon Wikland
Deutsch von Thyra Dohrenburg

»Ich habe ja *gesagt*, daß er Karlsson heißt und oben auf dem Dach wohnt«, sagte Lillebror. »Was ist denn da Komisches dran? Die Leute dürfen doch wohnen, wo sie wollen!«

»Lillebror, sei jetzt nicht dumm«, sagte Mama. »Du hast uns beinahe zu Tode erschreckt. Du hättest dir sehr weh tun können, als die Dampfmaschine explodierte. Kannst du das nicht einsehen?«

»Ja, aber Karlsson ist ganz bestimmt der beste Dampfmaschinenaufpasser der Welt«, sagte Lillebror und blickte seine Mutter ernsthaft an.

Sie mußte doch begreifen, daß man nicht nein sagen konnte, wenn der beste Dampfmaschinenaufpasser der Welt sich erbot, einem die Dampfmaschine in Gang zu bringen.

»Man muß für das, was man getan hat, einstehen, Lillebror«, sagte Papa, »und es nicht jemand in die Schuhe schieben, der Karlsson vom Dach heißt und den es nicht gibt.«

»Wohl gibt's den«, sagte Lillebror.

»Und fliegen kann er auch«, sagte Birger höhnisch.

»Ja, denk mal, das kann er«, sagte Lillebror. »Ich hoffe, er kommt wieder. Dann kannst du es selber sehen.«

»Wenn er doch bloß morgen käme«, sagte Betty. »Du bekommst eine Tafel Schokolade von mir, Lillebror, falls ich Karlsson vom Dach sehen kann.«

»Morgen kommt er sicher nicht«, sagte Lillebror, »denn er wollte in eine Werkstatt gehen und sich durchölen lassen.«

»Ach, du scheinst mir wahrhaftig auch eine gründliche Ölung nötig zu haben«, sagte Mama. »Schau, wie das Bücherbord aussieht!«

»Das stört keinen großen Geist, sagt Karlsson!«

Lillebror holte überlegen mit dem Arm aus, genauso, wie Karlsson es getan hatte, damit Mama begriff, die Sache mit dem Bücherbord sei wirklich nicht so schlimm, daß man deswegen so schelten müßte. Aber das verfing nicht bei Mama.

»Aha, das sagt Karlsson«, erwiderte sie. »Grüß Karlsson, und wenn er noch einmal seine Nase hier hereinsteckt, dann werde *ich* ihn durchölen, so daß er ewig daran denken wird.«

Lillebror gab keine Antwort. Er fand es abscheulich, daß Mama so von dem besten Dampfmaschinenaufpasser der Welt sprach. Aber es war ja nichts weiter, als was man an so einem Tag erwarten konnte, da sie sich ohne Zweifel alle miteinander entschlossen hatten, verdreht zu sein.

Lillebror hatte plötzlich Sehnsucht nach Karlsson. Karlsson, der munter und fröhlich war und mit dem Arm ausholte und sagte, ein Unglück, das störe keinen großen Geist, und daraus brauche man sich nichts zu machen. Richtig große Sehnsucht hatte Lillebror nach Karlsson. Und gleichzeitig fühlte er sich etwas beunruhigt. Wenn nun Karlsson nie mehr wiederkam?

»Ruhig, nur ruhig«, sagte Lillebror zu sich selbst, genauso, wie Karlsson gesagt hatte. Karlsson hatte es ja versprochen.

Und Karlsson war ein Mann, auf den man sich verlassen konnte, das war zu merken. Es dauerte nur ein paar Tage, da erschien er wieder.

Lillebror lag in seinem Zimmer auf dem Fußboden und las, als er das Brummen wieder hörte, und da kam Karlsson durch das Fenster hereingebrummt wie eine riesengroße Hummel. Er summte eine fröhliche kleine Weise, während er an den Wänden entlang im Zimmer herumflog. Hin und wieder hielt er inne, um sich die Bilder anzusehen. Er legte den Kopf schief und kniff die Augen zusammen.

»Schöne Bilder«, sagte er. »Wirklich schöne Bilder! Wenn vielleicht auch nicht ganz so schön wie meine.«

Lillebror war aufgesprungen und stand nun da, wild vor Eifer. Er freute sich so, daß Karlsson wiedergekommen war.

»Hast du viele Bilder oben bei dir?« fragte er.

»Mehrere Tausend«, sagte Karlsson. »Male sie selbst in meiner freien Zeit; lauter kleine Gockelhähne und Hühner und Küken. Ich bin der beste Gockelhahnmaler der Welt«, sagte Karlsson und landete mit einem eleganten Schwung neben Lillebror.

»Denk bloß mal an«, sagte Lillebror. »Übrigens – kann ich nicht mit raufkommen und dein Haus und deine Dampfmaschinen und deine Bilder ansehen?«

»Natürlich«, sagte Karlsson. »Selbstverständlich! Du bist herzlich willkommen. Gelegentlich.«

»Bald«, bat Lillebror.

»Ruhig, nur ruhig«, sagte Karlsson. »Ich muß erst ein bißchen aufräumen, aber es dauert nicht lange. Der beste Schnellaufräumer der Welt, rat mal, wer das ist«, fragte Karlsson schalkhaft.

»Du vielleicht?« sagte Lillebror.

»Vielleicht«, schrie Karlsson, »vielleicht? Daran brauchst du keine Minute zu zweifeln! Der beste Schnellaufräumer der Welt, das ist Karlsson vom Dach. Das weiß doch jeder.«

Und Lillebror glaubte gern, daß Karlsson »der Beste der Welt« in allen Dingen war. Sicherlich war er auch der beste Spielkamerad der Welt, das Gefühl hatte man. Krister und Gunilla waren zwar sehr nett, aber sie waren nicht so aufregend wie Karlsson vom Dach.

Lillebror beschloß, Krister und Gunilla von Karlsson zu erzählen, wenn sie das nächste Mal von der Schule zusammen nach Hause gingen. Krister redete immer so viel von seinem Hund, der Joffa hieß. Lillebror war längst schon neidisch auf Krister wegen dieses Hundes. Wenn er aber morgen mit seinem alten Joffa ankommt, dann erzähle ich ihm von Karlsson, dachte Lillebror. Was ist Joffa gegen Karlsson vom Dach, werde ich sagen.

Und dennoch gab es nichts auf der Welt, wonach Lillebror sich so sehr sehnte wie gerade nach einem eigenen Hund. – Karlsson unterbrach seine Grübeleien.

»Ich fühle mich zu einem Spaß aufgelegt«, sagte er und sah sich neugierig um. »Hast du nicht noch eine Dampfmaschine?«

Lillebror schüttelte den Kopf. Die Dampfmaschine! Jetzt hatte er Karlsson ja hier, jetzt konnten Mama und Papa sehen, daß es Karlsson gab. Und Birger und Betty auch, falls sie zu Hause waren.

»Willst du mitkommen und Mama und Papa guten Tag sagen?« fragte Lillebror.

»Mit tausend Freuden«, sagte Karlsson. »Es wird ihnen ein Vergnügen sein, mich kennenzulernen, so schön und grundgescheit, wie ich bin!«

Karlsson spazierte im Zimmer auf und ab und sah zufrieden aus.

»Auch gerade richtig dick«, fügte er hinzu. »Ein Mann in meinen besten Jahren. Wird deiner Mama ein Vergnügen sein, mich kennenzulernen.«

In diesem Augenblick spürte Lillebror den ersten schwachen Geruch von frisch gebratenen Fleischklößen aus der Küche, und er wußte, daß es jetzt gleich Zeit zum Abendessen war. Lillebror beschloß, bis nach dem Abendessen zu warten und Karlsson erst dann zu Mama und Papa zu bringen.

Es ist nie gut, Mütter zu stören, wenn sie Fleischklöße braten. Außerdem konnte es ja sein, daß Mama oder Papa die Absicht hatten, mit Karlsson über die Dampfmaschine zu reden und über die Flecke auf dem Bücherbord. Und das mußte vermieden werden. Das mußte um jeden Preis vermieden werden. Bei Tisch würde Lillebror seinen Eltern auf irgendeine listige Weise beibringen, wie man sich gegen den besten Dampfmaschinenaufpasser der Welt benimmt. Er brauchte nur etwas Zeit dazu. Nach dem Essen – das würde richtig sein. Dann wollte er die ganze Familie mit in sein Zimmer nehmen.

Bitte sehr, hier habt ihr Karlsson vom Dach, wollte er sagen. Wie die staunen würden! Es würde wirklich Spaß machen, ihr Erstaunen zu sehen.

Karlsson war stehengeblieben. Er stand still und schnupperte wie ein Hühnerhund.

»Fleischklöße«, sagte er, »kleine gute Fleischklößchen eß ich sehr gerne!«

Lillebror wurde etwas verlegen. Darauf gab es eigentlich nur eine einzige Antwort: Willst du dableiben und bei mir zu Abend essen? Das war es, was er eigentlich sagen mußte. Aber er wagte nicht, Karlsson so ohne weiteres zum Essen mitzubringen. Etwas ganz anderes war es, wenn Krister und Gunilla bei ihm waren. Da konnte er, wenn es sich so traf, im letzten Augenblick, wenn die ganze übrige Familie sich schon gesetzt hatte, kommen und sagen: Liebe Mama, Krister und Gunilla dürfen doch auch ein bißchen Erbsen und Pfannkuchen mitessen?

Aber ein völlig unbekannter kleiner dicker Mann, der eine Dampfmaschine kaputtgemacht und Flecken auf das Bücherbord gemacht hatte – nein, das ging wirklich nicht. Andererseits hatte dieser kleine dicke Mann gerade gesagt, er esse gute Fleischklößchen so gern. Es war Lillebrors Sache, zu versuchen, ob er nicht welche bekommen konnte, sonst mochte Karlsson vielleicht nicht mehr mit Lillebror zusammen sein. Ach, eine ganze Menge hing von Mamas Fleischklößen ab!

»Warte hier einen Augenblick«, sagte Lillebror. »Ich gehe in die Küche und hole welche.«

Karlsson nickte zufrieden.

»Gut«, sagte er, »gut! Aber beeil dich! Man wird nicht satt davon, nur Bilder anzuschauen!«

Lillebror rannte geschwind in die Küche hinaus. Da stand

Mama am Herd mit einer karierten Schürze und in dem allerherrlichsten Bratdunst. Sie schüttelte die große Bratpfanne über der Gasflamme, und in der Pfanne hüpften eine Unmenge feiner brauner Fleischklöße umher.

»Hallo, Lillebror«, sagte Mama. »Jetzt essen wir bald.«

»Liebe Mama, kann ich nicht ein paar Fleischklöße bekommen und mit zu mir reinnehmen?« fragte Lillebror mit seiner einschmeichelndsten Stimme.

»Liebling, wir essen doch in wenigen Minuten.«

»Ja, aber trotzdem», sagte Lillebror. »Nach dem Essen erkläre ich dir, wieso.«

»Ja, ja«, sagte Mama. »Dann sollst du ein paar haben!«

Sie legte sechs Fleischklöße auf einen kleinen Teller. Oh, sie dufteten so herrlich, und sie waren klein und braun, genau wie sie sein sollten. Lillebror trug den Teller behutsam mit beiden Händen vor sich her und machte, daß er in sein Zimmer zurückkam.

»Hier, Karlsson«, rief er, als er die Tür öffnete.

Aber Karlsson war verschwunden. Da stand Lillebror mit den Fleischklößen, aber kein Karlsson war da.

Lillebror war furchtbar enttäuscht. Auf einmal war alles so langweilig.

»Er ist weggegangen«, sagte er laut vor sich hin.

Aber da . . .

»Piep«, hörte er plötzlich jemand sagen. »Piep!«

Lillebror sah sich um. Ganz unten am Fußende seines Bettes – unter der Decke – sah er einen kleinen dicken Klumpen, der sich bewegte. Von dort kam das Piep. Und gleich darauf kam Karlssons rotes Gesicht unter dem Laken hervor.

»Hihi«, sagte Karlsson. »›Er ist weggegangen‹, hast du gesagt. ›Er ist weggegangen‹ – das bin ich ja gar nicht. Ich hab' ja man bloß so getan.«

Da fiel sein Blick auf die Fleischklöße. Wips, drehte er an dem Knopf, den er auf dem Bauch hatte. Der Motor fing an zu brummen, und Karlsson kam im Gleitflug vom Bett her und schnurstracks auf den Teller zu. Im Vorbeifliegen schnappte er sich einen Fleischkloß, stieg schleunigst zur Decke empor, kreiste um die Deckenlampe und kaute zufrieden an seinem Fleischkloß.

»Delikat«, sagte er. »Wunderbarer Fleischkloß! Man sollte fast meinen, der beste Fleischklößemacher der Welt hätte ihn gemacht, aber das hat er ja nachweisbar nicht getan«, sagte Karlsson.

Und dann schoß er im Sturzflug nieder und schnappte sich einen neuen.

Da rief Mama aus der Küche: »Lillebror, wir wollen essen, wasch dir schnell die Hände und komm!«

»Ich muß wieder einen Augenblick weggehen«, sagte Lillebror und stellte den Teller aus der Hand. »Aber ich komme bald zurück. Versprich mir, daß du auf mich wartest.«

»Ja, aber was soll ich denn unterdes machen?« sagte Karlsson und landete mit einem kleinen vorwurfsvollen Bums neben Lillebror. »Ich muß inzwischen irgendwas zum Zeitvertreib haben. Hast du wirklich keine Dampfmaschinen mehr?«

»Nein«, sagte Lillebror, »aber du kannst meinen Baukasten haben.«

»Man zu«, sagte Karlsson.

Lillebror holte seinen Baukasten aus dem Schrank, in dem er seine Spielsachen hatte. Es war wirklich ein schöner Baukasten mit vielen verschiedenen Teilen. Die konnte man zusammenschrauben und vielerlei daraus bauen.

»Hier hast du ihn«, sagte er. »Man kann Autos bauen und Hebekräne und alles mögliche . . .«

»Meinst du, der beste Baumeister der Welt wüßte nicht, was man bauen und was man nicht bauen kann?« fragte Karlsson.

Dann stopfte er sich rasch noch einen Fleischkloß in den Mund und machte sich über den Baukasten her.

»Jetzt wollen wir mal sehen, jetzt wollen wir mal sehen«,

sagte er und kippte den ganzen Inhalt des Kastens auf dem Fußboden aus.

Lillebror mußte leider gehen, obwohl er viel lieber dageblieben wäre und zugesehen hätte, wenn der beste Baumeister der Welt ernstlich an die Arbeit ging.

Das letzte, was er sah, als er sich in der Tür umwandte, war Karlsson, der auf der Erde saß und vergnügt vor sich hin sang:

»Hurra, wie kann ich gut –
hurra, wie bin ich klug –
und grade, grade dick genug!«

Das letzte sang er, nachdem er den vierten Fleischkloß verschlungen hatte.

Mama und Papa und Birger und Betty saßen schon am Tisch. Lillebror kletterte auf seinen Stuhl und band sich die Serviette um.

»Eins mußt du mir versprechen, Mama, und du auch, Papa«, sagte er.

»Was sollen wir dir denn versprechen?« fragte Mama.

»Erst versprechen«, sagte Lillebror.

Papa wollte nicht so ohne weiteres etwas versprechen.

»Wer weiß, du möchtest vielleicht wieder, daß ich dir einen Hund verspreche«, sagte er.

»Nein, keinen Hund«, sagte Lillebror, »obwohl du das auch gern versprechen kannst, wenn du willst. Nein, es ist was anderes, und es ist überhaupt nichts Gefährliches. Versprecht mir, daß ihr versprecht!«

»Nun gut, wir versprechen also«, sagte Mama.

»Jaa, jetzt habt ihr versprochen, daß ihr zu Karlsson vom Dach nichts wegen der Dampfmaschine sagt«, meinte Lillebror befriedigt.

»Pah«, sagte Betty, »wie sollen sie denn etwas zu Karlsson sagen, wenn sie ihn nie treffen?«

»Sie werden ihn treffen«, sagte Lillebror triumphierend. »Nach dem Essen. Er ist jetzt drüben in meinem Zimmer.«

»Nein, jetzt glaub' ich fast, ich hab' einen Kloß in den falschen Hals bekommen«, sagte Birger. »Karlsson ist in deinem Zimmer?«

»Ja, denk mal an, das ist er!«

Dies war wirklich ein Augenblick des Triumphes für Lillebror. Ach, wenn sie sich bloß mit dem Essen beeilen wollten, dann würden sie ja sehen . . .

Mama lächelte. »Es wird uns ein Vergnügen sein, Karlsson kennenzulernen«, sagte sie.

»Ja, das sagte Karlsson auch«, versicherte Lillebror.

Endlich waren sie mit der Obstsuppe fertig. Endlich stand Mama vom Tisch auf. Jetzt war der große Augenblick da.

»Kommt alle mit«, sagte Lillebror.

»Dazu brauchst du uns nicht aufzufordern«, sagte Betty. »Ich kann es kaum aushalten, bis ich diesen Karlsson gesehen habe.«

Lillebror ging voraus.

»Vergeßt nicht, was ihr versprochen habt«, sagte er, ehe er die Tür zu seinem Zimmer öffnete. »Nicht ein Wort wegen der Dampfmaschine!«

Dann drückte er die Türklinke herunter und öffnete.

Karlsson war weg. *Er war weg.* Es lag kein kleiner dicker Klumpen unter der Decke in Lillebrors Bett.

Aber mitten im Zimmer erhob sich aus dem Durcheinander der Bausteine ein Turm. Ein sehr hoher und sehr schmaler Turm. Wenn Karlsson auch natürlich Hebekräne und anderes bauen konnte, so hatte er sich diesmal damit begnügt, Bausteine übereinander zu stapeln, so daß dieser sehr hohe und sehr schmale Turm daraus entstanden war. An der Spitze war der Turm mit etwas geschmückt, das offensichtlich eine Kuppel vorstellen sollte. Es war ein kleiner runder Fleischkloß.

Astrid Lindgren, Als Inga und ich weglaufen wollten

Aus »Wir Kinder aus Bullerbü«
Zeichnungen von Ilon Wikland
Deutsch von Else von Hollander-Lossow

Ich finde, mit keinem läßt es sich so gut spielen wie mit Inga. Wir haben viele lustige Spiele, die nur wir beide kennen. Manchmal spielen wir, daß wir feine Damen sind, die sich gegenseitig besuchen. Dann heißt Inga Frau Bengtsson und ich Frau Larsson. Inga sieht sehr vornehm aus, wenn sie Frau Bengtsson ist, und sie spricht auch so vornehm. Ich spreche auch vornehm, wenn ich Frau Larsson bin. Manchmal tun wir, als ob Frau Bengtsson und Frau Larsson sich erzürnt haben, und dann sagt Inga:

»Gehen Sie bloß nach Hause mit Ihren ungezogenen Kindern, Frau Larsson.«

Das sind meine Puppen, die sie ungezogene Kinder nennt. Und dann sage ich:

»Ich finde, Ihre Kinder sind ungezogen, Frau Bengtsson.«

Gleich danach sind wir gute Freunde und spielen, als ob wir in Geschäfte gehen und Seide und Samt und Bonbons kaufen. Das Geld, mit dem wir bezahlen, ist kein richtiges Geld, sondern solches, das wir selber oben bei Großvater gemacht haben.

Wir haben Angst, Lasse und die anderen könnten hören, daß wir so tun, als ob wir feine Damen wären, denn dann lachen sie nur über uns. Daß Großvater es hört, schadet nichts. Denn er tut auch manchmal, als ob er etwas wäre, was er gar nicht ist. Bei ihm können wir ruhig etwas für unser Spielgeld kaufen.

Bei Regenwetter sitzen Inga und ich oft beim Großvater und lesen ihm aus der Zeitung vor. Als Großvater klein war, starben seine Eltern, und er kam zu fremden Menschen, die gar nicht gut zu ihm waren. Er mußte viel arbeiten, obwohl er klein war, und er bekam so viel Prügel und so wenig zu essen, daß er schließlich das Ganze satt hatte und davonlief. Und er erlebte so viele Abenteuer, daß man es fast nicht glauben kann, bis er schließlich zu netten Menschen kam. Da blieb er, bis er groß war.

An einem Regentag, als Inga und ich bei Großvater saßen und ihm die Zeitung vorgelesen hatten, sagte Inga:

»Großvater, erzähle von damals, als du weggelaufen bist.«

»Ach, ach«, sagte Großvater. »Das habt ihr doch schon so oft gehört.«

Aber wir baten ihn, uns wieder davon zu erzählen, und da erzählte er. Als er fertig war, sagte Inga:

»Es muß lustig sein, wegzulaufen. Ich möchte es selber auch mal probieren.«

»Aber dann muß du doch erst böse Menschen haben, von denen du wegläufst«, sagte ich.

»Das ist doch nicht nötig«, sagte Inga. »Man kann ja auch so weglaufen. Bloß ein kleines bißchen. Und dann bald wieder zurückkommen.«

»Gut, das wollen wir«, sagte ich, »aber nicht sehr weit.«

»Was meinst du, Großvater«, fragte Inga, »findest du, daß wir es tun sollen?«

Großvater sagte, wir könnten es ja tun, bloß ein bißchen. Und da beschlossen wir wegzulaufen. Es mußte natürlich nachts geschehen, und kein Mensch durfte es wissen. Wir baten Großvater, es keinem zu erzählen, und das versprach er uns.

Ich kann abends immer so schwer wach bleiben. Ich wußte also nicht, was ich tun müßte, um nicht einzuschlafen, bis es Zeit zum Weglaufen wäre. Aber Inga sagte:

»Schlaf du nur! Wir binden einen Bindfaden an deinen großen Zeh und lassen ihn aus dem Fenster hängen, und dann komme ich und ziehe daran, und du wachst auf.«

Sie sagte auch, sie wolle Wacholdergrün pflücken und in ihr Bett legen, dann werde sie sicher wach bleiben können, bis die anderen eingeschlafen wären.

Wir fragten Großvater, was man mitnehmen müsse, wenn man wegliefe, und er sagte, man müsse etwas zu essen mitnehmen und vielleicht etwas Geld, wenn man welches habe.

Wir wollten schon in der selben Nacht weglaufen, so daß wir es furchtbar eilig hatten, alles in Ordnung zu bringen. Ich ging zu Mutti und bat um ein paar Butterbrote, und sie sagte:

»Was, bist du schon wieder hungrig? Wir haben doch eben erst Abendbrot gegessen.«

Ich konnte ihr doch nicht erzählen, was ich mit den Butterbroten tun wollte, und deshalb sagte ich gar nichts. Dann nahm ich ein paar Kronen von meinem Rübengeld und legte sie unter das Kopfkissen. Und dann holte ich einen langen Bindfaden, den ich um den großen Zeh binden wollte, damit Inga mich wecken konnte. Abends spielten wir alle Völkerball, und als es Schlafenszeit war, blinzelten Inga und ich uns zu und flüsterten:

»Um halb elf.«

Ich drückte Vati und Mutti heftig, als ich gute Nacht sagte, denn ich dachte, jetzt würde ich sie wohl lange Zeit nicht sehen. Und als Mutti zu mir sagte: »Morgen wollen wir beide Johannisbeeren pflücken«, tat es mir furchtbar leid um sie, weil sie morgen gar kein kleines Mädchen mehr haben würde.

Dann ging ich in mein Zimmer, band den Bindfaden um den einen großen Zeh, ließ das andere Ende aus dem Fenster fallen, ging zu Bett und dachte, jetzt müßte ich mich beeilen, etwas zu schlafen, damit ich nicht allzu müde wäre, wenn es losgehen sollte.

Sonst pflege ich immer einzuschlafen, sobald ich den Kopf auf das Kissen gelegt habe. Aber an diesem Abend konnte ich gar nicht einschlafen. Ich versuchte alles, was ich konnte, aber immer, wenn ich mich bewegte, strammte der Bindfaden am großen Zeh. Da dachte ich daran, was Mutti sagen würde, wenn sie am nächsten Morgen ins Zimmer kam und merkte, daß mein Bett leer war. Es tat mir so leid um sie, daß ich weinen wußte. Ich weinte lange, lange.

Plötzlich erwachte ich. Ich hatte so ein merkwürdiges Gefühl im großen Zeh. Zuerst konnte ich gar nicht begreifen, was los war. Aber dann fiel es mir ein: Da zog einer an dem Bindfaden.

»Ja, Inga, ich komme«, rief ich, sprang aus dem Bett und stürzte ans Fenster. Und da war es hellichter Tag! Unten stand Lasse und zog an dem Bindfaden. Nun wurde ich aber wütend.

»Au! Au!« schrie ich. »Laß das bleiben!«

Aber Lasse zog.

»Laß das bleiben!« schrie ich.

»Warum denn?« fragte Lasse.

»Weil der Bindfaden an meinem großen Zeh sitzt!« schrie ich.

Lasse lachte und sagte: »Da habe ich ja einen netten Fisch an der Leine.«

Als er den Bindfaden endlich losgelassen hatte, band ich ihn ab. Er wollte wissen, was der Bindfaden zu bedeuten hätte, aber ich hatte keine Zeit, es ihm zu erklären. Ich rannte zum Nordhof, denn ich glaubte, Inga wäre vielleicht allein weggelaufen. Britta saß auf der Treppe und spielte mit Sissa.

»Wo ist Inga?« fragte ich.

»Schläft«, sagte Britta.

Ich ging in Brittas und Ingas Zimmer hinauf. Und da lag sie und schnarchte. Ich versuchte, ihr den Bindfaden um den großen Zeh zu binden, aber davon wachte sie auf.

»Oh«, sagte sie, »wie spät ist es?«

Als ich sagte, es sei acht, saß sie eine ganze Weile stocksteif still. Dann sagte sie:

»Die Menschen, die sagen, daß sie nachts nicht schlafen können, sollen nur versuchen, auf Wacholdergrün zu schlafen. Du ahnst nicht, wie müde man davon wird.«

Später gingen wir zu Großvater hinauf, um ihm die Zeitung vorzulesen. Als wir hereinkamen, war er furchtbar erstaunt und sagte:

»Was ist denn los, seid ihr nicht weggelaufen?«

»Ein andermal«, sagten wir.

Hans-Christian Kirsch, Astrid Lindgren und der Frieden

Den diesjährigen Friedenspreis des Deutschen Buchhandels wird am 22. Oktober 1978 die schwedische Kinderbuchautorin Astrid Lindgren erhalten. Frau Lindgrens Bücher »Pippi Langstrumpf«, »Michel aus Lönneberga«, die Geschichten um den »Herrn Karlsson« und viele andere haben hierzulande ein breites kindliches Lesepublikum. Anmerken sollte man dabei, daß Astrid Lindgren eine jener Autorinnen ist, die die Kinder sogar gegen den Widerstand mancher wohlmeinender Erwachsener für sich entdeckt haben. Als nämlich 1949 der erste Band von Pippi Langstrumpf in deutscher Sprache erschien, gab es Lehrer, die da meinten, Kinder könnten von der phantasievollen Göre nur Dummheiten lernen und deshalb das Buch geradezu verboten.

Den Deutschen Jugendbuchpreis hat Astrid Lindgren nie bekommen, dafür aber die Hans-Christian-Andersen-Medaille für das Gesamtwerk und für »Rasmus und der Landstreicher«, dazu den Schwedischen Staatspreis und den Nils-Holgersson-Preis. Wie man hören konnte, war sie in den letzten Jahren sogar für den Nobelpreis vorgeschlagen. Und nun der Friedenspreis!

Auch wer Kinderliteratur ernst nimmt (was nicht heißt, daß sie nicht heiter sein sollte), wer Kinderbücher in ihren Spitzenleistungen (und dazu gehören die Bücher der Lindgren gewiß!) als literarische Kunstform auffaßt, mag bei dieser Preisentscheidung vielleicht die Stirn runzeln oder den

Kopf schütteln. Vor allem deshalb, weil der »Friedenspreis« von seinem bisherigen Image her ein politischer Preis war. Weil man, um ihn gerechterweise zu erhalten, etwas, nein, eine ganze Menge, handelnd, denkend, dichtend für den Frieden in der Welt getan haben mußte.

Tatsächlich ist denn auch hier und da so etwas wie murmelnde Preisschelte laut geworden.

Herbert Glossner, im »Deutschen Allgemeinen Sonntagsblatt« konzediert, die Geschichten der Lindgren würden zwar »zauberhafte Kokons um kindliche Empfindungen spinnen«, sie würden »Wunschwelten wecken«, sie könnten Tränen hervorlocken und Tränen trocknen, Kinder zum Lachen bringen und ihnen Geborgenheit bieten. Er kritisiert aber, daß mit ihrer Art von Phantasie ein Freiraum geschaffen werde, der einerseits verführerisch, andererseits nicht zu verwirklichen sei.

Martin Ruppert in der »Allgemeinen Zeitung«, Mainz, bezeichnet die Auszeichnung der Lindgren als »Luftsprünge« vor »dem düsteren Hintergrund der Zeit«. Er unterstellt »demonstrativen Charakter« und fürchtet, so werde sich die Vorstellung von »Flucht aus der Wirklichkeit« und »Verniedlichung« mit dem Friedenspreis verbinden.

Daß man aber auch zu einer ganz anderen Sicht und Wertung kommen kann, sieht man an einem Aufsatz von Professor Malte Dahrendorf, der unter der Überschrift »Utopie und Wirklichkeit bei Astrid Lindgren« schon 1972 zum 65. Geburtstag der Autorin erschienen ist. Dahrendorf hatte damals geschrieben: »Astrid Lindgrens Phantasie ist . . . eine Antwort auf konkret erfahrene kindliche Nöte, eine Verwandlung und Steigerung des kindlichen Lebens aus der Erfahrung und Not der Unterdrückung heraus. Dadurch entfernt sich Astrid Lindgren nicht eigentlich von der Wirklichkeit; sie begnügt sich nur nicht mit ihr; sie stellt ihr neue Möglichkeiten des Lebens und des Glücks entgegen.«

Und an anderer Stelle:

»Sicher deutet Astrid Lindgren die Situation des Menschen psychologisch; sie sieht ihn auf verwirrende Weise vor die Alternative gestellt zwischen einer Geborgenheit, die zugleich beengt und die Entfaltung behindert, und einem schutzlosen Preisgegebensein als Kehrseite der Freiheit (Rasmus und der Landstreicher). Sie fahndet dabei nach individuellen Lösungen – Konsequenz ihres bürgerlichen Weltbildes. Aber mit ihren bedeutenden Ansätzen zu einem utopischen Denken zeigt Astrid Lindgren zugleich, wie bürgerliches Denken überwunden werden kann – und auch, daß bürgerliches Denken nicht ausreicht, um die Situation des Menschen und gerade des gedemütigten, armen wirklich zu verbessern.«

So genommen wohnte dem Werk dieser Autorin ein geradezu revolutionärer Zug inne, ob ihr das nun selbst bewußt ist oder nicht.

Bleibt dennoch weiter die Frage, was Astrid Lindgren als Autorin, durch die Eigenart ihrer Geschichten, für den Frieden getan habe?

Einen gewissen Hinweis enthält da wohl der genaue Wortlaut der Begründung für die Entscheidung des Stiftungsrates. In ihm wird gesagt, daß die Bücher der Lindgren das »Vertrauen des Kindes zum Leben bestärken, ihm die Angst nehmen vor der Welt und der Zukunft.«

In der Tat scheint mir hier – und ich gehe dabei von der Beobachtung aus, wie die Lindgren-Bücher auf Kinder wirken – der entscheidende Punkt zu liegen: Die Lebendigkeit des Kindes wird heute in besonderem Maße aus Gründen der Bequemlichkeit und des reibungslosen Ablaufs des Konsumgeschehens eingeschränkt und unterdrückt. Die Botschaft vieler Bücher der Lindgren hingegen läuft auf eine Bestätigung der Ansprüche des kindlichen Ichs heraus, ohne daß die schmerzlichen Konflikte, die dieses Ich dabei durchleidet, verschwiegen würden.

Die Vorstellung, daß gutes Erzählen etwas mit Aufhebung

von Angst und Einsamkeit zu tun habe – sie verwirklicht sich in den Geschichten der Lindgren in hohem Maße.

Nicht Einengung und Anpassung werden bestätigt, sondern das Gegenteil. Auf eine höchst eigenartige Art sind die Geschichten der Lindgren tatsächlich »antiautoritär«. Eigenartig, indem sie das Antiautoritäre nicht zum Dogma erheben, sondern einfach aus Lust zum Traum, zur Eigenart, zur anderen Möglichkeit spielerisch vorführen.

Es will mir vorkommen, als stehe bei Astrid Lindgren zwischen den Zeilen, aber auf eine Weise, für die Kinder ein besonderes Sensorium besitzen, der Satz: »Du hast ein Recht darauf, hier zu sein. Du hast als menschliches Wesen ein Recht auf Wärme, Liebe, Träume, auf dein individuelles Glück!«

Man kann nun einwenden, das seien schönklingende Worte, in Wirklichkeit aber Phrasen.

Nur wird ja diese »Botschaft« in den Büchern der Lindgren eben nicht abstrakt, sondern konkret, nicht aufgesetzt und mit erhobenem Zeigefinger, sondern beiläufig und mit augenzwinkerndem Humor vorgetragen. Stärkung des Ichs gegenüber dem Überich, Einübung von Lebendigkeit, Erziehung gegen die Entfremdung, Verteidigung und Verankerung der Utopie: all dies läßt sich ohne Überanstrengung aus dem Werk dieser Frau ableiten.

Ihre Bücher stellen, genaugenommen, eine unerhörte Herausforderung gegenüber den gängigen Erziehungs- und Umgangsformen zwischen Erwachsenen und Kindern dar. Denn jene Erwachsene, die über Michels Streiche und sein Unangepaßtsein gern mitlachen, reagieren, sofern sich ihre eigenen (realen) Kinder so verhalten, nicht selten nervös und aggressiv. So genommen ist das Werk der Schriftstellerin Astrid Lindgren auch ein Appell an die Liebe und die Toleranz gegenüber Kindern und ihrer Eigenart und Lebendigkeit.

Hätte dieser Appell bei Erwachsenen wirklich Folgen, so wäre damit vielleicht mehr gegen die tieferen Ursachen des

Terrorismus getan, als durch die Verbesserung des Polizeiwesens und den Bau superfester Gefängnisse. Es liegt im Zug unserer Zeit, daß solche Zusammenhänge verdrängt werden. Die Verleihung des Friedenspreises an Astrid Lindgren könnte Anlaß sein, sie einer breiten Öffentlichkeit wieder einmal ins Gedächtnis zu rufen.

Um auf die eingangs gestellte Frage zurückzukommen: Kinderbücher der Art, wie sie Astrid Lindgren schreibt, Kindererziehung und Frieden haben tatsächlich eine ganze Menge miteinander zu tun. Nur selten können einzelne Menschen allein und auf sich gestellt Kriege verhindern. Gegenüber der übermächtigen Kriegsmaschinerie in Ost und West scheint der einzelne nur hilflos ausgeliefert. Sehr wohl aber müßte und könnte die Friedenserziehung bei einem jeden von uns im Umgang mit den eigenen Kindern beginnen. Sie würde, machten wir nur dort ernst damit, Auswirkungen auf fast alle Lebensbereiche, auf unsere Wertvorstellungen und unser Bewußtsein haben.

Astrid Lindgren, Pippi sitzt auf dem Gartenzaun und klettert in den hohlen Baum

Aus »Pippi Langstrumpf«
Zeichnungen von Rolf Rettich
Deutsch von Cäcilie Heinig

Vor der Villa Kunterbunt saßen Pippi, Thomas und Annika. Pippi saß auf dem einen Pfeiler, Annika auf dem anderen, und Thomas saß auf der Gartentür. Es war ein warmer und schöner Tag Ende August. Ein Birnbaum, der direkt hinter dem Zaun stand, streckte seine Zweige so weit herunter, daß die Kinder die kleinen, goldroten Augustbirnen ohne große Mühe abpflücken konnten. Sie kauten und aßen und spuckten die Kerngehäuse auf den Weg.

Die Villa Kunterbunt stand gerade da, wo die kleine Stadt aufhörte und das Land anfing und wo die Straße direkt in die Chaussee überging. Die Leute der kleinen Stadt machten gern ihre Spaziergänge in dieser Gegend, denn hier war die Umgebung der Stadt am schönsten.

Gerade als sie da saßen und Birnen aßen, kam ein Mädchen den Weg von der Stadt her. Als sie die Kinder sah, blieb sie stehen und fragte:

»Habt ihr meinen Vater hier vorbeigehen sehen?«

»Mja«, sagte Pippi, »wie sieht er aus? Hat er blaue Augen?«

»Ja«, sagte das Mädchen.

»Richtig groß, nicht zu groß und nicht zu klein?«

»Ja«, sagte das Mädchen.

»Schwarzen Hut und schwarze Schuhe?«

»Ja, ganz richtig«, sagte das Mädchen eifrig.

»Nein, den haben wir nicht gesehen«, sagte Pippi bestimmt.

Das Mädchen sah enttäuscht aus und ging ohne ein Wort weiter.

»Warte mal«, schrie Pippi hinter ihr her. »Hat er eine Glatze?«

»Nein, natürlich nicht«, sagte das Mädchen böse.

»Da hat er Glück«, sagte Pippi und spuckte ein Kerngehäuse aus.

Das Mädchen lief eilig weiter, aber da rief Pippi: »Hat er unnatürlich große Ohren, die bis zu den Schultern reichen?«

»Nein«, sagte das Mädchen und drehte sich erstaunt um. »Du willst doch nicht behaupten, daß du einen Mann mit so großen Ohren hast vorbeigehen sehen?«

»Ich hab' niemals jemand gesehen, der mit den Ohren geht. Alle, die ich kenne, gehen mit den Füßen.«

»Ach, wie dumm du bist! Ich meine, hast du wirklich einen Mann gesehen, der so große Ohren hat?«

»Nee«, sagte Pippi, »es gibt keinen Menschen, der so große Ohren hat. Das wäre ja komisch. Wie würde das aussehen? Man kann nicht so große Ohren haben. Wenigstens nicht hier in diesem Land«, fügte sie nach einer gedankenvollen Pause hinzu. »In China ist das ja etwas anderes. Ich sah einmal in Shanghai einen Chinesen. Seine Ohren waren so groß, daß er sie als Pelerine benutzen konnte. Wenn es regnete, kroch er nur unter die Ohren und hatte es so warm und schön, wie man es sich nur denken kann. Obwohl die Ohren es auch ganz gemütlich hatten. Wenn besonders schlechtes Wetter war, lud er seine Freunde und Bekannten ein, sich unter seine Ohren zu legen. Da saßen sie dann und sangen ihre schwermütigen Lieder, während es oben regnete. Sie hatten ihn seiner Ohren wegen sehr gern. Hai Shang hieß er. Ihr hättet nur sehen sollen, wenn Hai Shang am Morgen zu seiner Arbeit lief. Er kam immer in der letzten Minute angerannt, denn er schlief so gern lange, und ihr könnt euch nicht vorstellen, wie hübsch das aussah, wenn er angesaust kam und die Ohren wie zwei große gelbe Segel hinter ihm her flatterten.«

Das Mädchen war stehengeblieben und hörte Pippi mit offenem Mund zu. Und Thomas und Annika konnten nicht mehr weiteressen, sie waren vollauf damit beschäftigt, zuzuhören.

»Er hatte mehr Kinder, als er zählen konnte, und das kleinste hieß Peter«, sagte Pippi.

»Ja, aber ein Chinesenkind kann doch nicht Peter heißen«, wandte Thomas ein.

»Das hat seine Frau auch zu ihm gesagt. ›Ein Chinesenkind kann doch nicht Peter heißen‹, sagte sie. Aber Hai Shang war so furchtbar eigensinnig, und er sagte, das Kind solle entweder Peter heißen oder gar nicht. Und dann setzte er sich in eine Ecke und zog die Ohren über den Kopf und schmollte. Und da mußte seine arme Frau natürlich nachgeben, und das Kind bekam den Namen Peter.«

»Ach so«, sagte Annika.

»Ach so«, sagte auch Thomas.

»Das war das schwierigste Kind, das es in ganz Shanghai gab«, fuhr Pippi fort. »Nörglig mit dem Essen, so daß die Mutter ganz unglücklich war. Ihr wißt ja, daß man in China Schwalbennester ißt? Und da saß die Mutter mit einem ganzen Teller voller Schwalbennester und wollte ihn füttern. ›So, Peterlein‹, sagte sie, ›jetzt essen wir ein Schwalbennest für Vater.‹ Aber Peter kniff bloß seinen Mund zusammen und schüttelte den Kopf. Schließlich wurde Hai Shang so böse, daß er sagte, Peter sollte kein anderes Essen kriegen, bevor er nicht ein Schwalbennest für den Vater gegessen hätte. Und wenn Hai Shang etwas gesagt hatte, so blieb es dabei. Von Mai bis Oktober ging das Schwalbennest zur Küche raus und wieder rein. Am 14. Juli bettelte die Mutter, ob sie Peter nicht ein paar Fleischklöße geben dürfe, aber Hai Shang sagte nein.«

»Solche Dummheiten«, sagte das Mädchen auf der Straße.

»Ja, das hat Hai Shang auch gesagt«, fuhr Pippi fort. »›Dummheiten‹, hat er gesagt, ›es ist klar, daß der Junge das Schwalbennest essen kann, wenn er bloß aufhört, so störrisch zu sein.‹ Aber Peter kniff nur die ganze Zeit von Mai bis Oktober den Mund zusammen.«

»Ja, aber wie konnte er da leben?« fragte Thomas verwundert.

»Er konnte nicht leben«, sagte Pippi. »Er starb. Aus reinem Trotz. Am 18. Oktober. Und er wurde am 19. begraben. Und am 20. kam eine Schwalbe durchs Fenster geflogen und legte ein Ei in das Schwalbennest, das auf dem Tisch lag. So wurde es jedenfalls noch zu etwas nütze. Kein Schaden war geschehen«, sagte Pippi fröhlich. Dann sah sie bedächtig das Mädchen an, das ganz verwirrt dastand.

»Wie merkwürdig du aussiehst«, sagte Pippi. »Was ist los? Du glaubst wohl, daß ich hier sitze und lüge? Was? Dann sag es nur«, sagte Pippi drohend und krempelte die Ärmel hoch.

»Nein, keinesfalls«, sagte das Mädchen erschrocken. »Ich will nicht gerade sagen, daß du lügst, aber . . .«

»Nicht?« sagte Pippi. »Aber das tu' ich ja gerade. Ich lüge so, daß meine Zunge schwarz wird, hörst du das nicht? Glaubst du wirklich, daß ein Kind von Mai bis Oktober ohne Essen leben kann? Natürlich weiß ich, daß sie so drei, vier Monate gut und gerne ohne Essen auskommen können, aber von Mai bis Oktober, das ist doch zu dumm. Du mußt doch begreifen, daß das gelogen ist. Du darfst dir doch nicht alles mögliche von den Leuten einreden lassen.«

Da lief das Mädchen davon und drehte sich nicht mehr um.

»Wie leichtgläubig Leute sein können«, sagte Pippi zu Thomas und Annika. »Von Mai bis Oktober! So was Dummes!« Dann rief sie dem Mädchen nach:

»Nee, wir haben deinen Vater nicht gesehen! Wir haben den ganzen Tag keinen Glatzkopf gesehen! Aber gestern gingen siebzehn Stück vorbei, Arm in Arm!«

Pippis Garten war wirklich wunderbar. Gepflegt war er nicht, nein, aber es gab herrlichen Rasen, der niemals geschnitten wurde, und alte Rosensträucher, die voll von weißen und gelben und rosa Rosen waren. Nicht besonders feine Rosen, aber sie dufteten lieblich. Auch sehr viele Obstbäume gab es, und – das beste von allem – einige uralte Eichen und Ulmen, auf die man schön klettern konnte. Pippi tat das jedenfalls oft.

In Thomas' und Annikas Garten war es mit Kletterbäumen schlecht bestellt, und ihre Mutter hatte immer Angst, daß sie runterfallen und sich wehtun würden. Deshalb waren sie bisher noch nicht so viel geklettert. Aber jetzt sagte Pippi:

»Wollen wir nicht in diese Eiche da raufklettern?«

Thomas rutschte sofort vom Zaun herunter, begeistert über den Vorschlag. Annika hatte etwas mehr Bedenken, aber als sie sah, daß am Baumstamm große Vorsprünge waren, auf die man treten konnte, fand sie auch, daß es lustig wäre, es zu versuchen.

Ein paar Meter über der Erde teilte sich die Eiche in zwei Stämme, und da, wo sie sich teilte, war es fast wie ein kleines

Zimmer. Bald saßen alle drei Kinder dort oben sehr gemütlich. Über ihren Köpfen breitete die Eiche ihre Krone wie ein grünes Dach aus.

»Hier können wir Kaffee trinken«, sagte Pippi. »Ich laufe schnell rein und koche einen Schluck.«

Thomas und Annika klatschten in die Hände und riefen: »Bravo!«

Es dauerte nicht lange, bis Pippi den Kaffee fertig hatte. Und am Tage vorher hatte sie Brötchen gebacken. Sie stellte sich unter die Eiche und fing an, die Kaffeetassen raufzuwerfen. Thomas und Annika fingen sie auf. Manchmal war es die Eiche, die sie auffing, so daß die Tassen kaputtgingen. Aber Pippi lief ins Haus und holte neue. Dann kamen die Brötchen dran, und eine Zeitlang schwirrten in der Luft Brötchen herum. Die gingen zum mindesten nicht kaputt. Zuletzt kletterte Pippi mit der Kaffekanne in der einen Hand hinauf. Sahne hatte sie in einer Flasche in der Tasche und Zucker in einer kleinen Schachtel.

Thomas und Annika fanden, daß der Kaffee niemals vorher so gut geschmeckt hatte. Sie bekamen an Wochentagen sonst keinen Kaffee, nur wenn sie eingeladen waren. Und jetzt waren sie ja eingeladen. Annika vergoß etwas Kaffee auf ihr Kleid. Erst war es warm und naß, und dann wurde es kalt und naß, aber das machte nichts, sagte Annika. Als sie fertig waren, warf Pippi die Tassen auf den Rasen hinunter.

»Ich will sehen, wie haltbar sie heutzutage Porzellan machen«, sagte sie. Eine Tasse und alle Untertassen hielten merkwürdigerweise. Und von der Kaffeekanne ging nur die Tülle ab.

Plötzlich fing Pippi an, etwas höher hinaufzuklettern.

»Hat man so etwas gesehen!« rief sie auf einmal. »Der Baum ist hohl!«

Es war ein großes Loch direkt im Stamm, das die Kinder nicht sehen konnten, weil es durch Laub verdeckt war.

»Oh, darf ich auch raufklettern und sehen?« fragte Tho-

mas. Aber er bekam keine Antwort. »Pippi, wo bist du?« rief er unruhig.

Da hörten sie Pippis Stimme, aber nicht von oben, sondern von weit unten. Es klang, als ob sie aus der Unterwelt käme.

»Ich bin im Baum drin. Der ist hohl bis unten auf die Erde. Wenn ich durch einen kleinen Spalt schaue, kann ich die Kaffeekanne auf dem Rasen sehen.«

»Oh, wie willst du wieder raufkommen?« schrie Annika.

»Ich komme niemals rauf«, sagte Pippi. »Ich werde hier bleiben, bis ich pensioniert werde, und ihr müßt mir durch das Loch da oben Essen runterwerfen. Fünf-, sechsmal am Tage.«

Annika fing an zu weinen.

»Warum trauern, warum klagen«, sagte Pippi. »Kommt lieber auch runter, dann können wir spielen, daß wir in einer Räuberhöhle schmachten.«

»Niemals im Leben«, sagte Annika. Zur Sicherheit kletterte sie ganz von dem Baum herunter.

»Annika, ich sehe dich durch den Spalt!« schrie Pippi. »Tritt nicht auf die Kaffeekanne. Das ist eine alte, nette Kaffeekanne, die niemals einem Menschen etwas getan hat. Und sie kann ja nichts dafür, daß sie keine Tülle mehr hat.«

Annika ging zum Baumstamm hin, und durch einen kleinen Spalt sah sie die alleräußerste Spitze von Pippis Zeigefinger. Das tröstete sie etwas, aber sie war immer noch unruhig.

»Pippi, kannst du wirklich nicht raufkommen?« fragte sie.

Pippis Zeigefinger verschwand, und es dauerte keine Minute, bis ihr Gesicht durch das Loch oben im Baum zum Vorschein kam.

»Vielleicht kann ich, wenn ich es richtig versuche«, sagte sie und hielt das Laub mit den Händen weg.

Astrid Lindgren, Der Brunnen, der am Abend raunt

Aus »Mio, mein Mio«
Zeichnungen von Ilon Wikland
Deutsch von Karl Kurt Peters

Das Land auf der anderen Seite des Wassers und hinter den Bergen hatte ich noch nicht gesehen. Aber als ich eines Tages mit meinem Vater, dem König, im Rosengarten spazierenging, fragte ich ihn, ob ich über die Brücke des Morgenlichts reiten dürfe.

Mein Vater, der König, blieb stehen und nahm mein Gesicht zwischen seine beiden Hände. Er sah mich an, sehr freundlich und sehr ernst.

»Mio, mein Mio«, sagte er, »du darfst in meinem Reich überall hingehen, wohin du willst. Du darfst auf der Insel der grünen Wiesen spielen oder in das Land auf der anderen Seite des Wassers und hinter den Bergen reiten, ganz wie du willst. Du darfst reiten, so weit dich Miramis trägt, nach Osten und Westen und Süden und Norden. Nur eines mußt du wissen: Es gibt etwas, das heißt das Land Außerhalb.«

»Das Land Außerhalb?« fragte ich. »Wer wohnt dort?«

»Ritter Kato«, sagte mein Vater, der König, und es legte sich wie ein Schatten über sein Gesicht, »der grausame Ritter Kato.«

Kaum hatte er diesen Namen ausgesprochen, da war es, als zöge etwas Böses und Gefährliches durch den Rosengarten.

Die weißen Vögel flohen in ihre Nester. Trauervogel schrie gellend und schlug mit seinen schwarzen Schwingen. Und zu dieser Stunde verwelkten viele Rosen.

»Mio, mein Mio«, sagte mein Vater, der König, »du bist

das Liebste, was ich habe, und das Herz wird mir schwer, wenn ich an Ritter Kato denke.«

Da brauste es in den Silberpappeln, als ginge ein Sturm über sie hinweg. Viele Blätter fielen zu Boden, und während sie fielen, war es, als weine jemand. Ich hatte Angst vor Ritter Kato, große, große Angst.

Aber ich sagte zu meinem Vater, dem König:

»Wenn dir das Herz schwer wird, dann denk nicht mehr an ihn.«

Mein Vater, der König, nickte und nahm meine Hand.

»Du hast recht«, sagte er. »Eine kurze Zeit noch will ich es lassen, an Ritter Kato zu denken. Eine kurze Zeit noch sollst du Flöte spielen und im Rosengarten Hütten bauen.«

Dann gingen wir weiter, um Jum-Jum zu suchen.

Mein Vater, der König, hatte zwar viel zu regieren in seinem großen Reich, aber für mich hatte er immer Zeit. Er sagte nie zu mir: »Scher dich weg, ich habe jetzt keine Zeit«, sondern er war gern mit mir zusammen. Jeden Morgen ging er mit mir in den Rosengarten. Er zeigte mir, wo die Vögel ihre Nester gebaut hatten, und sah sich unsere Hütte an und lehrte mich, wie ich auf Miramis reiten sollte, und sprach mit mir und Jum-Jum über alles. Gerade das gefiel mir so – daß er auch mit Jum-Jum sprach. Genau wie es Benkas Vater mit mir getan hatte. Es war immer schön gewesen, wenn Benkas Vater mit mir sprach, und Benka hatte dann so zufrieden ausgesehen, als wenn er dächte: »Gewiß ist es mein Vater, aber es gefällt mir, daß auch er mit dir spricht.« Und dasselbe empfand ich, wenn mein Vater, der König, mit Jum-Jum sprach.

Dennoch war es gut, daß Jum-Jum und ich immer so lange im Land umherritten. Wie hätte mein Vater, der König, sonst Zeit gefunden, sein großes Reich zu lenken und zu regieren? Wären wir da nicht oft den ganzen langen Tag fort gewesen, sicher wäre mein Vater, der König, bei uns geblieben und hätte mit uns gespielt und geredet, statt zu tun, was er tun mußte. Es war also gut, daß ich Jum-Jum und Miramis hatte.

Oh, mein Miramis! Wie bin ich auf seinem Rücken durch das Land geritten! Mein Miramis, der mich das erste Mal über die Brücke des Morgenlichts trug. Ich werde es nie vergessen. Es war in der Morgendämmerung. Das weiche Gras war feucht vom Tau, und Miramis' goldene Hufe wurden naß, doch das machte nichts. Wir waren ein wenig schläfrig, Jum-Jum und ich, weil wir so zeitig aufgestanden waren, aber sobald wir über die Wiesen ritten und die Luft kühl und frisch und angenehm im Gesicht spürten, wurden wir ganz wach. Als die Sonne aufging, erreichten wir die Brücke des Morgenlichts, die gerade von den Brückenwächtern für den Tag ausgeschwenkt wurde. Wir ritten auf die Brücke, und wir schienen auf Goldstrahlen und Licht zu reiten.

Hoch, hoch über das Wasser wölbte sich die Brücke, die höchste und längste Brücke der Welt. Wenn man hinuntersah, wurde man beinahe schwindlig. Miramis' goldene Mähne glänzte in der Sonne.

Schneller, schneller und schneller lief er, höher, höher und höher kamen wir auf die Brücke. Miramis' Hufe donnerten wie Gewitter. Es war herrlich, herrlich, das alles, und bald sollte ich das Land auf der anderen Seite des Wassers sehen, bald, bald.

»Jum-Jum«, rief ich, »Jum-Jum, bist du glücklich, ist es nicht wundervoll . . .«

Da sah ich, was geschehen würde.

Etwas Entsetzliches mußte geschehen. Miramis galoppierte genau auf den Abgrund zu. Die Brücke hörte auf. Mitten in der Luft hörte sie auf. Die Brückenwächter hatten sie nicht ordentlich ausgeschwenkt. Die Brücke reichte nicht bis zum Land auf der anderen Seite des Wassers. Ein unendlicher Abgrund gähnte, ein Abgrund ohne Brücke, eine grundlose Tiefe. Noch nie zuvor war ich so voller Angst gewesen. Ich wollte nach Jum-Jum schreien, aber ich konnte nicht. Ich zerrte an Miramis' Zügeln und versuchte, ihn anzuhalten,

aber er gehorchte mir nicht. Er wieherte wild und galoppierte weiter, geradenwegs in den Tod, und seine Hufe donnerten. Meine Angst war groß. Bald würden wir in diesen Abgrund rasen, bald würde ich nicht mehr Miramis' Hufe hören, sondern nur noch einen Schrei, wenn er mit flatternder Goldmähne in die Tiefe stürzte. Ich schloß die Augen und dachte an meinen Vater, den König. Miramis' Hufe donnerten wie Gewitter.

Plötzlich donnerten sie nicht mehr. Zwar hörte ich sie noch immer, doch der Klang war anders geworden: gedämpft und hohl, als ob Miramis auf etwas Weichem galoppierte. Ich öffnete die Augen und sah – ich sah, ja, da sah ich: Miramis galoppierte *in der Luft.* Oh, mein Miramis mit den goldenen

Hufen und der goldenen Mähne! Er bewegte sich in der Luft genauso leicht wie auf der Erde. Er konnte über die Wolken laufen und über die Sterne springen, wenn er wollte.

Niemand hatte ein solches Pferd wie ich. Und niemand kann nachfühlen, wie es ist, auf seinem Rücken sitzend gleichsam durch die Luft zu fließen und das Land auf der anderen Seite des Wassers unten, weit unten im Sonnenschein liegen zu sehen.

»Jum-Jum«, rief ich, »Jum-Jum, Miramis kann auf den Wolken galoppieren!«

»Wußtest du das nicht?« fragte Jum-Jum, als sei es gar nichts Besonderes.

»Nein«, sagte ich, »woher sollte ich es wissen?«

Da lachte Jum-Jum.

»Du weißt so wenig, Mio«, sagte er.

Lange Zeit ritten wir dort oben umher. Miramis sprang über die kleinen weißen Wolken, und es war spannend und lustig. Aber schließlich wollten wir landen. Miramis senkte sich langsam zur Erde. Dann stand er still, und wir waren im Land auf der anderen Seite des Wassers.

»Hier ist eine grüne Wiese für deinen Miramis mit der goldenen Mähne«, sagte Jum-Jum. »Laß ihn hier grasen, während wir weitergehen und Jiri guten Tag sagen.«

»Wer ist Jiri?« fragte ich.

»Du wirst es schon sehen«, sagte Jum-Jum. »Jiri und seine Geschwister wohnen gleich hier in der Nähe.«

Er nahm mich an der Hand und führte mich zu einem Haus. Es war ein kleines weißes Haus mit einem Strohdach, gerade so ein Haus, wie man es aus den Märchen kennt. Man kann nicht erklären, warum ein Haus aussieht wie aus einem Märchen. Liegt es an der Luft, liegt es an den alten Bäumen, zwischen denen es steht, oder liegt es an den Blumen ringsumher, die so duften, wie es nur im Märchen duftet, oder liegt es vielleicht an irgend etwas ganz anderem? Im Hof vor Jiris Haus stand ein alter runder Brunnen. Ich glaube beinahe, es war der Brunnen, der machte, daß Jiris Haus aussah wie ein Haus aus einem Märchen. Denn heutzutage gibt es ja diese alten Brunnen nicht mehr; jedenfalls hatte ich vorher niemals einen gesehen.

Fünf Kinder saßen um den Brunnen. Das größte unter ihnen war ein Junge. Er winkte uns herbei und lachte übers ganze Gesicht.

»Ich habe euch kommen sehen«, sagte er. »Ein schönes Pferd habt ihr.«

»Es heißt Miramis«, sagte ich. »Und das hier ist Jum-Jum. Ich heiße Mio.«

»Ich weiß«, sagte der Junge. »Ich heiße Jiri, und das sind meine Geschwister.«

Er sah freundlich und vergnügt aus und seine Geschwister auch, beinahe, als freuten sie sich, daß wir gekommen waren.

In der Upplandsgatan war es niemals so. Dort knurrten die Jungen gleich wie Wölfe, wenn man nur in ihre Nähe kam, jedenfalls wenn man nicht näher mit ihnen bekannt war. Es gab immer jemanden, gegen den sie häßlich sein mußten, der nicht dabei sein und mitspielen durfte. Und das war fast immer ich. Benka war der einzige, der mit mir spielen wollte. Es gab da einen großen Jungen, der hieß *Janne*. Ich hatte ihm nie etwas getan, aber wenn er mich nur sah, sagte er: »Hau ab oder ich kleb dir eine, daß du wegschwimmst!« Und dann versuchte ich gar nicht erst mitzuspielen – Verstecken oder was es nun war. Die anderen alle hielten zu Janne und redeten ebenso wie er, denn Janne war groß und stark.

Kennt man nur solche wie Janne, so ist man ganz verwundert, wenn man Kinder wie Jiri oder Jum-Jum oder Nonno oder Jiris Schwestern und Brüder trifft, die immer freundlich sind.

Jum-Jum und ich setzten uns neben Jiri auf den Brunnenrand.

Ich sah den Brunnen hinunter. Er war so tief, daß man keinen Grund sah.

»Wie holt ihr hier das Wasser herauf?« fragte ich.

»Wir holen gar kein Wasser herauf«, sagte Jiri. »Das hier ist kein Wasserbrunnen.«

»Was ist es dann für ein Brunnen?« fragte ich.

»Wir nennen ihn den Brunnen, der am Abend raunt«, sagte Jiri.

»Warum das?« fragte ich.

»Warte bis zum Abend, dann wirst du es verstehen«, sagte Jiri.

Den ganzen Tag blieben wir bei Jiri und seinen Geschwistern und spielten unter den alten Bäumen. Und als wir hungrig wurden, lief Jiris Schwester Minonna-Nell in die Küche und holte uns Brot. Das war auch solch Brot, das Hunger stillt, und es schmeckte mir genauso gut wie bei Nonnos Großmutter.

Im Gras unter den Bäumen fand ich einen kleinen silbernen Löffel. Ich zeigte ihn Jiri. Da wurde er traurig.

»Der Löffel unserer Schwester«, sagte er. »Mio hat den Löffel unserer Schwester gefunden!« rief er seinen Geschwistern zu.

»Wo ist deine Schwester?« fragte ich ihn.

»Ritter Kato«, sagte Jiri, »der grausame Ritter Kato hat sie geraubt.«

Als er den Namen aussprach, wurde um uns her die Luft kalt wie Eis. Die große Sonnenblume, die im Garten stand, welkte und starb, und viele, viele Schmetterlinge verloren ihre Flügel und konnten nicht mehr fliegen. Und ich hatte Angst vor Ritter Kato, große, große Angst.

Ich wollte Jiri den kleinen silbernen Löffel geben, aber er sagte:

»Du darfst den Löffel unserer Schwester behalten. Sie braucht ihn nie mehr, und du hast ihn ja gefunden.«

Seine kleinen Geschwister weinten, als sie hörten, daß ihre Schwester nie mehr einen Löffel brauchte. Doch nachher fingen wir wieder an zu spielen und dachten nicht mehr an das, was traurig war. Den Löffel steckte ich in die Tasche und hatte ihn bald vergessen.

Während wir noch spielten, sehnte ich den Abend herbei, denn ich wollte gern mehr über diesen seltsamen Brunnen erfahren.

Endlich verging der Tag, und es begann zu dunkeln. Jiri und seine Geschwister sahen sich ganz merkwürdig an, und Jiri sagte:

»Jetzt!«

Sie liefen alle zum Brunnen und setzten sich auf den Brunnenrand. Jum-Jum und ich setzten uns neben sie.

»Seid ganz leise«, sagte Jiri.

Ganz still saßen wir da und warteten. Es wurde noch etwas dunkler zwischen den alten Bäumen, und Jiris Haus sah noch mehr nach einem Haus aus einem Märchen aus. Dort stand es in einem grauen, wunderlichen Dunkel, keinem ganz schwarzen Dunkel, denn es war noch immer die Dämmerstunde. Etwas Graues, Wunderliches und Altes lag über dem Haus und über den Bäumen, aber vor allem lag es über dem Brunnen, auf dessen Rand wir erwartungsvoll im Kreise saßen.

»Seid ganz leise«, flüsterte Jiri, obwohl wir schon eine Weile überhaupt nichts gesagt hatten. Und weiter saßen wir still, und es wurde noch etwas dunkler und grauer zwischen den Bäumen, und ich vernahm keinen Laut mehr in diesem völligen Schweigen.

Aber dann, dann hörte ich etwas. Ja, ich hörte etwas. Ich hörte, wie es unten im Brunnen zu raunen begann. Tief, tief dort unten begann es zu flüstern und zu murmeln. Es war eine wundersame Stimme, und sie glich keiner anderen Stimme.

Und die Stimme raunte Märchen, Märchen, die keinem anderen Märchen glichen und die noch schöner waren als alle Märchen, die ich kannte. Es gibt fast nichts, was ich mehr liebe als Märchen, und ich beugte mich weit über den Brunnenrand, um mehr und mehr von dem zu hören, was die

Stimme raunte. Manchmal sang die Stimme, und es war ein seltsamer und schöner Gesang, der aus dem Brunnen emporstieg.

»Was ist das nur für ein Brunnen?« fragte ich Jiri leise.

»Ein Brunnen voll von Märchen und Liedern. Das ist alles, was ich weiß«, sagte Jiri. »Ein Brunnen, voll von Märchen und Liedern, die vor langer Zeit einmal in der Welt waren und die längst vergessen sind. Und nur dieser Brunnen, der am Abend raunt, er kennt sie noch alle.«

Wie lange wir dort saßen, weiß ich nicht. Zwischen den Bäumen wurde es dunkler und dunkler, und die Stimme aus dem Brunnen wurde schwächer und schwächer. Und schließlich hörten wir sie nicht mehr.

Auf der grünen Wiese drüben wieherte Miramis. Sicher wollte er mich daran erinnen, daß es Zeit sei, zu meinem Vater, dem König, zurückzukehren.

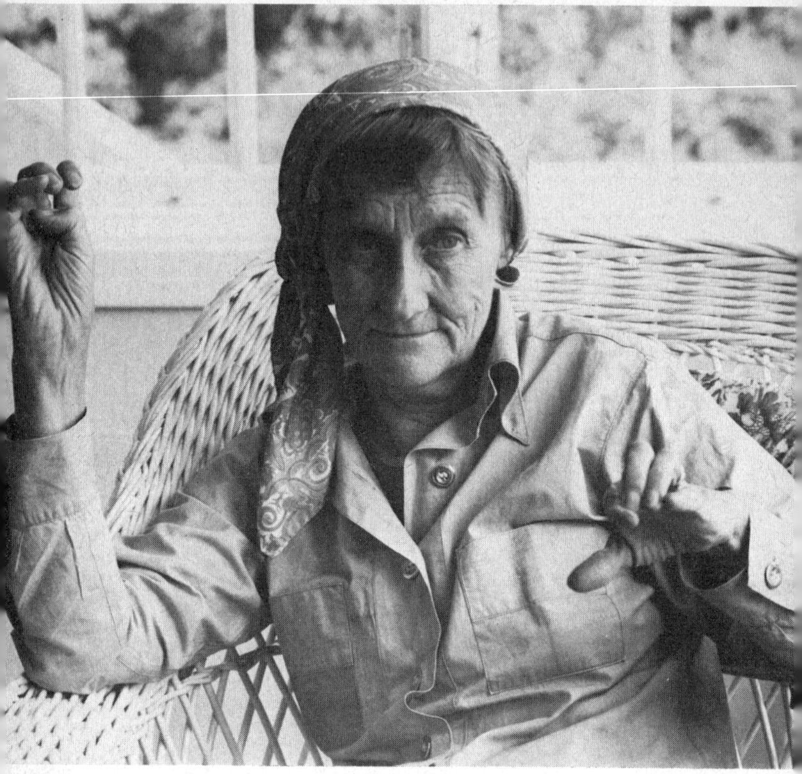

Astrid Lindgren,
Auszeichnungen und Preise

1944 Zweiter Preis im Wettbewerb des Verlages Rabén & Sjögren, Stockholm,
»Mädchenbücher für das Alter 10–15 Jahre«
für ›Britt-Mari erleichtert ihr Herz‹.

1945 Erster Preis im Wettbewerb des Verlages Rabén & Sjögren, Stockholm,
»Kinderbücher für das Alter 6–10 Jahre«
für ›Pippi Langstrumpf‹.

1946 Literaturpreis der Zeitung Svenska Dagbladet
für ›Pippi Langstrumpf‹.
Geteilter Erster Preis im Wettbewerb des Verlages Rabén & Sjögren, Stockholm, »Jugend-Krimis«
für ›Meisterdetektiv Blomquist‹.

1950 Nils-Holgersson-Plakette
für ›Im Wald sind keine Räuber‹.

1956 Deutscher Jugendbuchpreis: Sonderpreis
für ›Mio, mein Mio‹.

1957 Staatsstipendium für große literarische Verdienste

1958 Internationaler Jugendbuchpreis,
Hans-Christian-Andersen-Medaille
für das Gesamtwerk und ›Rasmus und der Landstreicher‹.

1959 Children's Spring Book Festival Award
(erteilt von der New York Herald Tribune)
für ›Sia wohnt am Kilimandscharo‹ mit Fotos von Anna Riwkin-Brick.

1965 Schwedischer Staatspreis für Literatur
für das Gesamtwerk.

1966 Literaturstipendium der Zeitschrift ›Svensk Damtidning‹.

1970 Heffaklumpen der schwedischen Zeitung Expressen für ›Michel bringt die Welt in Ordnung‹.
Das Goldene Schiff, Ehrenpreis der schwedischen Gesellschaft für Literaturförderung für das Gesamtwerk.
Lewis Carroll Shelf Award für ›Tomte Tummetott‹ mit Bildern von Harald Wiberg.

1971 Große Goldmedaille der Schwedischen Akademie für Literatur.

1973 Dr. phil. h. c. der Universität Linköping
The Brooklyn Art Books For Children Citations für ›Tomte Tummetott‹ mit Bildern von Harald Wiberg.
Lewis Carroll Shelf Award für ›Pippi Langstrumpf‹.

1974 Medaille des schwedischen Buchhandels für ›Die Brüder Löwenherz‹.
Medaille des Lächelns – eine sowjetische Auszeichnung

1975 Literis et Artibus, Königlich schwedische Medaille für Literatur und Kunst

1978 Friedenspreis des Deutschen Buchhandels
Honorary Doctor of Letters, University of Leicester
International Writer's Prize Award Welsh Art Council, Cardiff
Medaille des Lächelns – eine polnische Auszeichnung
Raiffeisen-Kulturpreis, München
Adelaide-Ristori-Preis, Rom

Astrid Lindgren hat seit 1963 die Nummer 8 in »Samfundet de nio« (›Vereinigung der Neun‹). Die Mitglieder werden auf Lebenszeit gewählt.

Um die Autorin zu ehren, haben der Verlag Friedrich Oetinger und der Verlag Rabén & Sjögren einen Astrid-Lindgren-Preis gestiftet, der erstmals zum 60. Geburtstag am 14. November 1967 verliehen wurde.

In Deutschland wurden acht Schulen nach Astrid Lindgren benannt in folgenden Städten: Aarbergen-Kettenbach, Berlin-Staaken, Dietzenbach, in Hannover zwei, Ratingen-West und Sörup. In Maintal wurde eine Schule Villa Kunterbunt genannt.

Der Friedenspreisträgerin Astrid Lindgren wurde aus Anlaß ihres 70. Geburtstages im Jahre 1977 auch der Almanach Band 15 gewidmet. Dieser Almanach enthält eine Bibliografie des Gesamtwerkes der Autorin und ist beim Buchhandel zu beziehen.

Die Bibliografie basiert auf der Bibliografie von Lena Törnqvist, die ungekürzt in »En bok om Astrid Lindgren« in der Studienserie des Schwedischen Instituts für Kinderliteratur erschienen ist und vom Verlag Rabén & Sjögren veröffentlicht wurde.

Aus Anlaß des 70. Geburtstages von Astrid Lindgren am 14. 11. 1977 hat der Verlag Friedrich Oetinger in diesem Jahr zum dritten Mal den

ASTRID-LINDGREN-PREIS

gestiftet. Ausgezeichnet wird das beste bisher unveröffentlichte Kinderbuch-Manuskript mit einer Prämie von

10000,– DM

Einsendeschluß ist der 30. 9. 1978.*
Die Preisverkündigung ist für das Frühjahr 1979 vorgesehen.
Die näheren Bedingungen direkt beim
Verlag Friedrich Oetinger
Poppenbütteler Chaussee 55
2000 Hamburg 65

*** wird verlängert bis 31. 12. 1978**

Aus unseren Neuerscheinungen 1978

David Henry Wilson, Onkel Arthur

aus »Jeremy James oder Elefanten sitzen nicht auf Autos«
Zeichnungen von Peter Schössow

Es war zwei Uhr morgens, als Onkel Arthur durch das Fenster von Jeremy James' Zimmer hereinkam. Kein Laut war zu hören im Haus, in der Straße, in der Stadt – nur das Rattern, Stottern, Grunzen, das als Papas Schnarchen jedem vertraut war – nur Papa nannte es Mamas Schnarchen. Ansonsten war alles wirklich sehr ruhig.

Jeremy James schlief natürlich fest und hätte sicher fest weitergeschlafen, wenn nicht Onkel Arthur auf seinen Kopf gefallen und dort sitzen geblieben wäre. Aber wenn jemand auf seinem Kopf saß, wachte sogar Jeremy James auf.

Jeremy James wußte nicht, daß es Onkel Arthur war, der auf seinem Kopf saß, denn wenn man fest schläft und davon aufwacht, daß jemand auf einem draufsitzt und dann merkt, daß es stockdunkel ist, dann weiß man nicht gleich, was überhaupt los ist. Also setzte sich Jeremy James einfach hin im Bett (als Onkel Arthur – so einen Onkel kannte er nicht – von ihm runtergestiegen war) und fragte: »Wer ist da?« Ein leises Murmeln, das ein bißchen wie »Hmf« klang, dann heftiges Atmen und vollkommene Stille. »Bist du ein Hundchen?« fragte Jeremy James. Das Hundchen antwortete nicht.

Jeremy James machte Licht – er hatte einen Schalter gleich am Bett für den Fall, daß er nachts mal aufs Klo mußte.

Er blinzelte ein paarmal und sah einen ziemlich komischen kleinen Mann, der einen dicken Pullover an hatte und einen großen Sack trug.

»Guten Abend«, sagte Jeremy James.

»Guten Abend«, sagte der komische Mann mit dem Pullover und dem Sack.

»Wer bist du?« fragte Jeremy James.

»Hm . . . rat mal!« sagte der kleine Mann.

»Also, ich weiß, daß der Weihnachtsmann so einen Sack hat«, sagte Jeremy James. »Aber jetzt ist doch nicht Weihnachten, und der Weihnachtsmann hat ja auch einen langen, weißen Bart, und du nicht. Und der Weihnachtsmann hat keine Glatze und auch keine Brille. Also bist du nicht der Weihnachtsmann.«

»Nein«, sagte der kleine Mann, »bin ich nicht.«

»Und der Schornsteinfeger bist du auch nicht«, sagte Jeremy James.

»So«, sagte der kleine Mann, »und woher weißt du das?«

»Erstens bist du nicht überall schwarz, und – wir haben ja keine Kamine, und Schornsteinfeger brauchen doch Kamine zum Fegen, solche wie in unserem alten Haus. Außerdem riechst du auch nicht so. Jedenfalls nicht doll.«

»Nein, der Schornsteinfeger bin ich nicht«, sagte der kleine Mann.

»Wer bist du denn dann?«

»Ich bin . . . ich bin dein Onkel Arthur«, sagte der kleine Mann. »Dein lieber Onkel Arthur.«

»Oh!« sagte Jeremy James. »Ich wußte gar nicht, daß ich einen Onkel Arthur hab.«

»Na, jetzt weißt du's«, sagte Onkel Arthur.

»Aber . . . ich . . . ich glaub, ich verschwinde jetzt und komm noch mal wieder – es ist doch reichlich spät.«

»Nein, bleib doch«, sagte Jeremy James. »Ich sag Mama und Papa, daß du hier bist. Ich glaub, sie wissen auch nicht, daß ich einen Onkel Arthur hab.«

»Bloß nicht, Junge, mach das nicht. Weck sie ja nicht! Ich . . . ich komm bestimmt wieder.«

»Einen Moment«, sagte Jeremy James und war schon raus

aus dem Bett, fast an der Tür. Er sah schon im Geiste Eis und einen Haufen Taschengeld – so was müssen ja dankbare Onkels kleinen Jungen zustecken, die ihnen einen Gefallen getan haben.

»Bleib hier«, sagte Onkel Arthur. »Bleib stehen!«

Jeremy James blieb stehen.

»Hör mal zu«, sagte Onkel Arthur. »Hm ... deine Mama und dein Papa wissen gar nicht, daß ich komme. Sie erwarten mich gar nicht. Und eigentlich ... sie sollen auch nicht wissen, daß ich hier bin. Es ist ... ein ... ein Geheimnis.«

»Ein Geheimnis?«

»Ja, ein Geheimnis.«

»Meinst du, so wie Mamas neues Kleid, wovon ich Papa nichts erzählen darf?«

»Ja, genau wie Mamas neues Kleid.«

»Gut«, sagte Jeremy James. Mamas Geheimnis war zehn Pennies wert, und Onkels sind ja immer großzügiger als Mütter. »Ich mag Onkels«, sagte Jeremy James, »weil sie mir immer was schenken, und Mama hat mir zehn Pennies geschenkt, damit ich Papa nichts von ihrem neuen Kleid erzähle.«

»So«, sagte Onkel Arthur. »Na gut, wenn du's keinem sagst, Johnnie, Bürschchen ...«

»Ich heiß nicht Johnnie! Ich heiß Jeremy James.«

»Natürlich, Jeremy James ... also, wenn du's keinem sagst, kriegst du zwanzig Pennies. O. K.?«

Das ist ja prima, dachte Jeremy James bei sich. Wie es wohl kommt, daß Onkels viel verständnisvoller sind als Mütter – und eigentlich auch als Tanten? Männer wissen eben besser, worauf es ankommt. Die Welt wäre viel schöner, wenn alle Tanten und Mütter Onkels würden.

»In Ordnung«, sagte Jeremy James.

»Hier«, sagte Onkel Arthur und langte in seine Tasche. Das Geld war ganz wirklich und echt. Zwanzig Pennies, in zwei blanken Münzen.

»Und jetzt«, sagte Onkel Arthur, »muß ich gehen. Sonst verpaß ich meinen Zug.«

»Kommst du wieder?« fragte Jeremy James.

»So schnell nicht«, sagte Onkel Arthur. »Ich hab viel um die Ohren.«

Onkel Arthur ging zum Fenster, das weit offen stand. Jeremy James ging auch zum Fenster und sah eine Leiter, die draußen an der Wand lehnte.

»Du brauchst aber nicht aus dem Fenster zu steigen«, sagte Jeremy James. »Ich weiß, wie man die Haustür aufmacht.«

»Nein, nein«, sagte Onkel Arthur. »Ich geh immer durchs Fenster. Das ist sicherer.«

Jeremy James nickte, als ob er das auch fand. Zwanzig Pennies sind zwanzig Pennies.

»Soll ich dir den Sack reichen?« fragte Jeremy James. Er wollte wenigstens *etwas* tun.

»Ja, vielen Dank, Johnnie.«

»Jeremy James.«

»Jeremy James.«

Aber der Sack war ganz schön schwer. Onkel Arthur mußte noch mal zurückklettern, um ihn zu holen. Beim Reinklettern schrammte er sich das Bein am Fensterbrett und sagte ein Wort, das Papa mal gesagt hatte, als ihm ein Hammer auf den Zeh gefallen war.

»Mama sagt, so was sagt man nicht«, sagte Jeremy James.

Aber Onkel Arthur gebrauchte das gleiche Wort noch mal, und das bestätigte den Verdacht, den Jeremy James schon lange hatte: daß nämlich Mama nicht richtig wußte, welche Wörter man sagen kann und welche nicht. Onkel Arthur griff seinen Sack und kletterte wieder aus dem Fenster.

»Gute Nacht, Onkel Arthur!« rief Jeremy James, als Onkel Arthur unten angekommen war. Onkel Arthur sah noch einmal hoch, fast ärgerlich, flüsterte »gute Nacht« und rannte ziemlich schnell in den dunklen Garten, so daß Jeremy James ihn nicht mehr sehen konnte.

»Mama«, sagte Jeremy James am nächsten Morgen beim Frühstück. »Wann besucht uns Onkel Arthur mal wieder?«

»Onkel Arthur?« sagte Mama. »Du hast keinen Onkel Arthur.«

»Doch«, sagte Jeremy James, »den Glatzkopf mit dem Sack.«

»Iß deine Cornflakes«, sagte Mama, »und red keinen Unsinn.«

»Der immer durchs Fenster reinkommt.«

»Hör auf damit und iß die Cornflakes. Du hast keinen Onkel Arthur. Schluß jetzt.«

Erwachsene leben wirklich in einer anderen Welt.

Margret Rettich, Ein Märchen

aus »Warten auf Weihnachten« (Hrsg. Barbara Homberg)
Zeichnungen von Janosch

Als der große Krieg zu Ende war, wohnten die Menschen in den zerstörten Städten unter Trümmern in Kellern und in Erdlöchern. Sie sorgten sich nur noch darum, daß sie jeden Tag etwas zu essen hatten und daß die Feuer nicht ausgingen, an denen sie sich wärmten.

Manchmal dachten sie an die Zeiten, als sie satt wurden und in schönen behaglichen Wohnungen lebten.

Als das Weihnachtsfest nahte, erinnerten sie sich besonders oft. Denn damals war es ihnen gutgegangen. Sie hatten gegessen, getrunken und gefeiert und einander viele Geschenke gemacht.

Alle sehnten sich danach, daß es nur ein klein wenig wieder so wurde wie damals.

Da setzte sich eine Frau in den Kopf, einen richtigen Weihnachtskuchen zu backen. Denn, dachte sie, schaffe ich das, werde ich es als Zeichen nehmen, daß es uns allen irgendwann wieder besser gehen wird.

Sie machte sich auf und kletterte über die Trümmerberge. Wenn sie irgendwo Rauch aufsteigen sah, suchte sie den Eingang zu der Behausung, steckte den Kopf hinein und fragte: »Wer kann mir ein paar Eier, etwas Fett, Mehl und Zucker geben? Ich möchte einen Weihnachtskuchen backen und will gern ein Stück davon abgeben.«

Die meisten Leute lachten die Frau einfach aus.

Doch einmal antworteten welche: »Na ja, Eier könnten wir

beschaffen. Wir haben noch ein Huhn, doch nichts mehr, was es picken kann. Es ist so schwach, daß wir es Weihnachten schlachten wollen. Wenn es vorher ein paar Körner hätte, würde es wohl auch noch mal Eier legen. Also würden wir die Eier gegen die Körner hergeben.«

Die Frau lief weiter und fragte nun: »Wer kann mir ein paar Körner geben für ein Huhn, das mir dafür Eier legt, die ich zusammen mit Fett und Mehl und Zucker zu einem Weihnachtskuchen verrühren will. Ich will gern ein Stück davon abgeben.«

Wieder lachten die meisten Leute sie aus.

Nur zwei alte Frauen sagten: »Ein paar Körner könnten wir dir geben. Wir haben den ganzen Sommer auf den Feldern gesucht, was aus den Ähren gefallen ist. Noch heute tut uns der Buckel weh. Aber weil wir seit Monaten nichts anderes als zermahlene Körner essen, möchten wir dafür ein Stück Fleisch, das wir uns braten können.«

Jetzt lachten die Leute noch viel mehr, wenn die Frau sie fragte: »Wer kann mir einen Braten geben, für den ich Körner bekomme, die ein Huhn pickt, das mir dafür Eier legt, die ich mit Fett und Mehl und Zucker zu einem Weihnachtskuchen verbacken will.«

Die Frau wußte selber, daß sie nach ganz unerreichbaren Dingen fragte, aber sie wollte einfach nicht aufgeben. Sie stieg immer weiter über Berge von Schutt und kam schließlich an die Stelle, wo früher einmal ein Park gewesen war. Von den Bäumen waren nur verbrannte Stümpfe übrig. Überall scharrten Leute die Wurzeln heraus, um etwas zum Feuern zu haben.

Die Frau fragte auch hier und wurde auch hier ausgelacht.

Nur ein Junge sagte: »Ich weiß einen Mann, der Vögel fängt, die man braten kann. Wenn ich ein Stück von deinem Kuchen abbekomme, zeige ich dir, wo er sitzt. Denn ich habe noch nie Kuchen gegessen.«

Er führte die Frau an den Rand von einem großen Trichter,

den eine Bombe gerissen hatte. Darin stand eine Hütte aus einem verrosteten Auto und einigen Mauerbrocken. Vor der Hütte saß ein Mann. Er briet an einem Stecken einen winzigen Vogelkörper über einem Feuerchen.

Die Frau sagte zu ihm: » Ich brauche einen Vogel für zwei alte Frauen, die mir dafür Körner geben.«

Der Mann sah nicht auf und brummte: »Das ist der letzte Vogel, den ich brate. Danach weiß ich nicht, was ich essen soll. Denn andere Vögel kann ich nicht mehr fangen, meine Schleuder ist kaputt. Das Gummi ist gerissen, als ich es gespannt habe, es war ausgeleiert. Ja, wenn ich ein neues Gummi für meine Schleuder bekäme, könnten wir über einen Vogel einig werden.«

Jetzt wußte die Frau nicht weiter. Woher sollte sie, die fast nichts besaß, Gummi für eine Schleuder nehmen? In ihrem Keller hatte sie einen Topf zum Kochen, einen Löffel zum Essen, eine Decke und ein Feldbett zum Schlafen. Doch da fiel ihr ein, daß dieses Feldbett Riemen hatte, und diese Riemen waren aus Gummi.

Sie rannte, so schnell sie konnte, heim und schnitt aus dem Feldbett einen Riemen heraus. Es war ohnehin schief und hart, mochte es noch schiefer und noch härter werden.

Der Mann war sehr zufrieden. Er probierte die neue Schleuder gleich aus. Schon nach kurzer Zeit hatte er eine magere Krähe erwischt, die er rupfte und der Frau gab.

»Sie ist im Geschmack von einer Taube nicht zu unterscheiden«, sagte er. Die Frau rannte mit dem Vogel zu den beiden Alten und sagte: »Hier bringe ich ein Täubchen, das ihr euch braten könnt.«

Die Alten freuten sich so sehr darüber, daß sie der Frau eine ganze Papiertüte voll Körner schenkten. Die Tüte hatten sie noch aus besseren Zeiten, und sie hatte ein Loch. Die Frau mußte sie mit beiden Händen halten, denn sie wollte kein einziges Korn verlieren. Erst in ihrem Keller merkte sie, wie viele Körner es waren.

Viel zuviel für das Huhn, dachte sie und mahlte die meisten zwischen zwei Steinen zu einem mehligen Brei. Als sie mühsam die Spelzen und Schalen herausgesammelt hatte, sang sie aufgeregt vor sich hin: »Ich habe Mehl, ich schaffe es, ich habe Mehl, ich schaffe es.«

Mit dem Rest der Körner lief sie zu den Leuten, die das Huhn besaßen. »Nur so wenig?« sagten die, »damit wird es kaum zu Kräften kommen. Es ist so schwach, daß wir das Schlimmste befürchten. Erst in ein paar Tagen wird sich herausstellen, ob es noch einmal Eier legen kann.«

Die Frau ließ sich nicht entmutigen, noch hatte sie viel vor sich. Zum Weihnachtskuchen fehlten ihr Fett und Zucker. Wieder kletterte sie über die Trümmerberge, wieder fragte sie alle Leute und wieder lachten alle sie aus.

Diesmal geriet sie bis an den Rand der Stadt, wo die Steinhaufen flacher wurden. Dahinter war früher einmal ein Wald gewesen. Jetzt standen nur noch vereinzelte Bäume zwischen den Bombenlöchern.

Manchmal traf die Frau auf eine Wache, die aufpaßte, daß sich niemand an den Bäumen vergriff, sie fällte und als Brennholz wegschleppte. Die Frau wagte nicht, diese Wachen anzusprechen und zu fragen.

Doch einen kleinen, krummen Mann sprach sie an, der unter den Bäumen herumkroch und irgend etwas aufklaubte. Sie sagte: »Ich will einen Weihnachtskuchen backen. Mehl habe ich und Eier vielleicht auch. Nun fehlen noch Zucker und Fett. Ich will gern ein Stück Kuchen abgeben, wenn ich dazu komme.«

Der kleine krumme Mann sagte: »Wer mir hilft, Buchekkern zu sammeln, bekommt von dem Öl ab, das ich daraus presse.«

Die Frau zog ihre Jacke aus, knöpfte sie zu, verknotete die Ärmel und hatte eine Art Sack, in den sie hineinsammeln konnte. Vorher hatten schon viele andere Leute nach Bucheckern gesucht. Es war mühsam, noch welche zu finden. Der kleine krumme Mann zeigte ihr, wie sie die Erde und das Laub zurückscharren mußte. Es dauerte eine ganze Woche, bis ihre Jacke gefüllt war. In seiner Behausung hatte der kleine krumme Mann aus einem Panzerrohr und anderen Teilen, die er in den Trümmern gefunden hatte, eine Presse gebaut. Die Bucheckern in der Jacke ergaben nicht mehr Öl, als in eine halbe henkellose Tasse ging. Aber die Frau war glücklich. Sie trug das Öl behutsam in ihren Keller.

Dann kletterte sie wieder über die Steine, um nach dem Huhn zu fragen, das ihr die Eier legen sollte.

»Fast wäre es an der Anstrengung eingegangen«, sagten die Leute, »doch es hat sich wieder erholt, daß wir es noch eine Weile leben lassen.« Und sie gaben der Frau ein einziges winziges Ei mit einer ganz weichen grauen Schale. Die Zeit drängte nun, denn in fünf Tagen war Weihnachten, und noch immer fehlte der Zucker. Wenn die Frau danach fragte, lachten die Leute sie nicht aus, sondern wurden böse.

»Zucker«, riefen sie, »wir erinnern uns nicht einmal mehr, wie Zucker schmeckt! Woher soll unsereins Zucker nehmen? Zucker hat nur einer hier!«

»Wer?« fragte die Frau.

Die Leute sagten: »Der Mann, der ALLES hat. Sieh dich um, wo er wohnt.« Die Frau irrte umher. Sie war hungrig. Sie wurde schwach und müde. Sie hatte wunde Füße. Wenn sie abends auf ihrem Feldbett lag, auf dem sie kaum einschlafen konnte, seit der Riemen fehlte, mußte sie hart bleiben. Sie mußte alle Kraft zusammennehmen, um nicht das Wenige aufzuessen, das sie für ihren Weihnachtskuchen zusammengetragen hatte.

Einen Tag vor Weihnachten fand sie irgendwo in der Stadt ein Gebäude, das fast heil geblieben war. Das Dach hatte Ziegel, und einige Fenster hatten Glas, die anderen waren sauber mit Brettern vernagelt. Aus dem Kamin kam dicker Rauch. Die Frau wußte sofort, daß hier der Mann wohnen mußte, der ALLES hatte.

Sie klopfte an die Tür.

Der Mann, der aufmachte, hatte einen richtigen Anzug an. Er rauchte eine richtige Zigarre. Neben ihm stand ein richtiger Hund. Wer konnte noch einen Hund mit durchfüttern? Hinter dem Mann strömte so viel Hitze aus dem Haus, daß die Frau draußen sich daran wärmen konnte.

»Was ist?« fragte der Mann, und der Hund knurrte.

»Ich brauche Zucker«, sagte die Frau. Der Mann, der ALLES hatte, lachte die Frau weder aus noch wurde er böse. Er fragte nur: »Was bekomme ich dafür?«

»Ein Stück von meinem Kuchen, den ich davon backen will«, sagte die Frau, »sonst habe ich nichts.«

»Doch, den Ring«, sagte der Mann.

Die Frau erschrak.

Der Ring war von ihrem Mann, der in den Krieg gemußt hatte und vielleicht nie wiederkommen würde. Dann dachte sie an die vielen Leute, denen sie ein Stück Kuchen versprochen hatte und zog den Ring ab. Sie bekam dafür eine Handvoll Zucker.

Nun hatte die Frau alles beisammen, was sie brauchte.

Sie knetete aus dem Körnermehl, dem Zucker, dem Ei und dem Bucheckernöl einen Teig. Mit ihrem letzten Holz machte sie Feuer und backte einen kleinen harten Kuchen. Den teilte sie in viele Teile.

Am Heiligen Abend machte sie sich auf.

Sie brachte den Leuten mit dem Huhn ein Stück. Da schenkten die ihr noch ein Ei.

Sie brachte den beiden Alten ein Stück. Da schenkten die ihr noch mal Körner. Sie brachte dem Jungen ein Stück, der im Park Wurzelholz gesucht hatte. Da schenkte der ihr Holz.

Sie brachte dem Vogelfänger ein Stück, da schenkte der ihr einen lahmen Spatzen, der von der Schleuder getroffen war.

Sie brachte dem kleinen krummen Mann ein Stück. Da schenkte der ihr eine Scherbe voller Öl, in der ein Docht schwamm, das war eine Lampe.

Nun hatte die Frau noch zwei Stücke von ihrem Kuchen übrig. Eigentlich sollte ich beide selber essen, dachte sie, doch es ist Weihnachten. Sie klopfte bei dem Mann, der ALLES hatte, und schenkte ihm das vorletzte Stück Kuchen, wie sie es versprochen hatte.

»Mach happ«, sagte der Mann zu seinem Hund, und der Hund machte happ. Dann ging die Frau nach Hause.

Sie fachte die Öllampe an, machte mit dem Holz ein warmes Feuer, kochte aus den Körnern und dem Ei einen Festtagsschmaus, gab dem zahmen, lahmen Spatz ein paar Krümel und wollte in den Kuchenrest beißen.

Aber sie legte den Kuchen vor sich hin und sah ihn an. Eigentlich war sie satt.

Ich bin satt! dachte sie, mir ist warm, es ist hell. Welch ein Weihnachtsfest! Wieviel Geschenke habe ich bekommen, und wieviel Freude habe ich gehabt! Ich habe es geschafft, in dieser schweren Zeit einen Kuchen zu backen. Und darauf bin ich stolz.

Joan Aiken, Mortimer im Schornstein

aus »Arabel und Mortimer auf Kreuzfahrt«
Zeichnungen von Frantz Wittkamp

Mister Jones fuhr in seiner Taxe nach Hause, in die Garage der Regenwassergasse Nummer sechs. Er war ganz sicher, da Mortimer den Raben vorzufinden. Als er in die Diele kam, stand da ein karierter Einkaufsbeutel, der zwei Gläser Himbeermarmelade, ein paar Glühbirnen und eine Knolle Sellerie enthielt. Er ließ ein Glas Himbeermarmelade draußen und räumte alle anderen Sachen weg. Ich möchte wirklich wissen, warum Martha so viele Glühbirnen gekauft hat, dachte er, sie muß doch wissen, daß wir noch ein Dutzend im Vorratsschrank haben.

Nach dem Himbeermarmeladenbrot war er immer noch hungrig, und deshalb kochte er sich eine Kanne Tee und eine große Schüssel Spaghetti mit Käsesauce, was das einzige war, das er kochen konnte. Dann fiel ihm plötzlich auf, daß es ungewöhnlich still war im Haus. Wenn Mortimer in der Nähe war, dann hörte man es immer schaben oder krachen oder klopfen oder klirren, weil der Rabe immer irgend etwas sorgfältig auseinandernahm oder auseinanderschlug, um festzustellen, was da drin steckte. Oder er zerkaute etwas, weil er wissen wollte, ob man es zerkauen konnte, oder er stopfte irgendwelche Gegenstände irgendwo drunter.

»Mortimer!« rief Mister Jones. »Wo steckst du? Was machst du? Hör damit auf und komm her.«

Keine Antwort. Niemand sagte: »Niemals mehr.«

Das Haus blieb still und schweigend.

Mister Jones bekam es mit der Angst zu tun. Er war kein Mann, der sich unnötig aufregte, aber er hatte Mortimer liebgewonnen. Außerdem wollte er wirklich gern wissen, ob der Rabe nicht vielleicht die Rückwand des Hauses zerklopfte oder eine Grube unter den Boiler scharrte oder die Badelaken aufribbelte (Mortimers Rekord bestand darin, ein ganzes Badelaken in drei und einer halben Minute so zu zerfleddern, daß sich zehn Meilen herausgezogener Frotteefäden auf dem Fußboden häuften) oder das zehnbändige Lexikon zernagte und verschlang oder irgend etwas anderes anstellte.

Mister Jones suchte im ganzen Haus nach Mortimer und fand ihn nicht.

Ach du grüne Neune, dachte er. Der Vogel muß unbemerkt aus dem Haus gewandert sein, als ich Arabel in den rosa Wolldecken in die Taxe getragen habe. Sie wird sich sehr aufregen, wenn sie hört, daß er fort ist. Wie soll ich ihr das nur beibringen? Sie hält doch so viel von dem Vogel. Gerade in diesem Augenblick klingelte das Telefon. Als Mister Jones den Hörer abnahm, schlug ihm ein schrilles Gekreisch ans Ohr.

»Wer ist da?« fragte Mister Jones und versuchte genau hinzuhören. »Wer ist da? Hier ist Jones, Taxiunternehmen, Regenwassergasse. Brenda? Bist du es? Ist was los?«

Das Kreischen brach nicht ab. Alles, was Mister Jones verstehen konnte, war etwas über Chrysanthemen, etwas über Ruß und etwas über eine Uhr.

Ruß in der Uhr, dachte er. Das ist höchst ungewöhnlich. Vielleicht haben sie eine Uhr in der Ölheizung, so was kann es ja vielleicht geben, und Brenda hat ja immer alles, was ganz brandneu ist. »Ich kann dir nicht helfen, Brenda, es tut mir leid«, sagte er laut. «Ich verstehe nichts von ölgeheizten Uhren, genaugenommen verstehe ich überhaupt nichts von Uhren. Da mußt du schon warten, bis Arthur wieder zu Hause ist. Martha wird zwischen sechs und sieben wieder da sein, weil Arabel im Krankenhaus ist.«

Damit legte er auf. Er fand, er hätte schon genug Sorgen

und brauchte sich nicht um den Ruß in den Uhren seiner Schwägerin zu kümmern.

Und was ist inzwischen mit Mortimer passiert?

Mister Suckett hatte den Bürstenstiel soweit wie möglich verlängert und stocherte in Tante Brendas Kamin herum. Mortimer hatte sich bis ganz nach oben zurückgezogen. Er konnte nicht heraus. Es gelang ihm gerade, unter dem Blechdach hervorzulugen, und er fand den Ausblick auch hochinteressant, weil das Haus ganz oben auf einem Hügel stand. Mortimer konnte meilenweit sehen, über die ganze Heide, über ganz London, bis hin zum Parlament. Mister Sucketts Bürste war nicht lang genug, um Mortimer aufzustöbern. Tante Brendas Esse war ungewöhnlich hoch.

Nachdem er das begriffen hatte, zog Mister Suckett seine Bürste wieder aus der Esse heraus und schraubte die Verlängerungsstücke voneinander ab.

»Was geschieht denn nun?« fragte Lindy.

»Schlagen Sie den Kamin oben ab?« fragte Mindy.

»Sollen wir ein Feuer anmachen und ihn braten?« fragte Cindy.

»Schaffen Sie ihn mir vom Halse, und zwar rasch«, sagte Tante Brenda.

»Wir müssen ihn raussaugen«, verkündete der Schornsteinfeger. Er zog das letzte Stück mit der Bürste heraus und rollte seinen Staubsauger dicht vor den Kamin.

Dieser Staubsauger arbeitete genauso wie ein normaler Haushaltsstaubsauger, er war nur achtmal größer und besaß einen achtmal stärkeren Motor. Er hatte einen großen Leinensack auf Rädern, in den der ganze Ruß gesaugt wurde. Wenn Mister Suckett einen Schornstein gefegt hatte, dann rollte er einfach den Sack voll Ruß davon und verkaufte den Inhalt zu neunundfünfzig Pennies das Pfund.

Der Leinensack war schnell voll von all dem Ruß, den Tante Brenda seit Ewigkeiten nicht mehr hatte abfegen lassen. Dann schob Mister Suckett den Sauger ganz weit in die

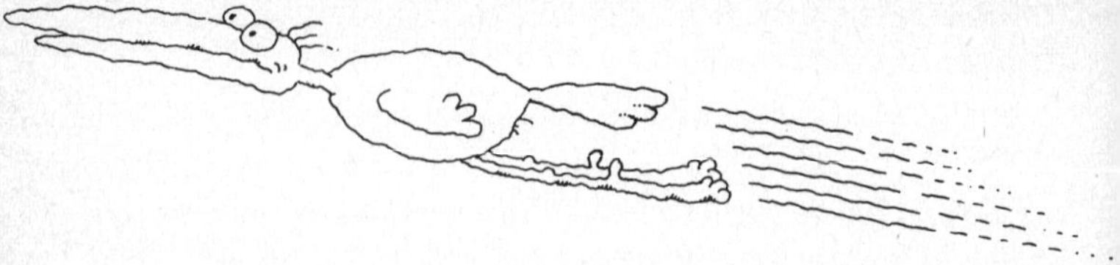

Esse hinauf und schaltete den Motor wieder an. Er war ungeheuer stark. Er konnte mit Leichtigkeit einen Bernhardiner eine zehn Fuß hohe Rampe in einem Winkel von dreißig Grad und gegen einen Sturm von Windstärke sechs emporziehen. Er holte Mortimer so leicht wie eine einzige von dessen Federn aus der Esse heraus. Mortimer schoß rückwärts durch den Schlauch und plumpste in den Leinenbeutel, in dem sich schon mindestens hundert Pfund Ruß befanden.

Mortimer hatte ganz gern oben im Kamin gesessen. Es war zwar dunkel, aber sehr interessant gewesen, und außerdem hatte er einen prachtvollen Rundblick gehabt. Es hatte ihm gar nicht gefallen, mit einer solchen Höllengeschwindigkeit eingesaugt zu werden, dazu auch noch rückwärts und mit dem Kopf nach unten, und es behagte ihm noch weniger, mitten im schwarzen Pulver zu landen, das ihn zu ersticken drohte.

Er begann zu flattern und zu hacken und zu stoßen und krächzte: »Niemals mehr!« und hatte sich im Handumdrehen ein riesiges Loch in den Leinensack gehackt. Er schoß wie eine schwarze Rakete aus diesem Loch heraus, und hinter ihm wirbelten hundert Pfund Ruß in die Luft.

Tante Brenda hatte alle Fenster aufgerissen, als Mister Suckett anfing, seine Bürsten in den Kamin zu schieben; sie sagte, sie könne den Geruch von Ruß nicht vertragen. Mortimer flog mit der Geschwindigkeit einer Boing 707 durch ein Fenster, er hatte nun auch genug von Tante Brendas Haus.

Er ließ ein solches Durcheinander von Dreck und Schwärze hinter sich, daß es sich meiner Meinung gar nicht lohnt, näher darauf einzugehen.

Rose Lagercrantz, Die Sache mit dem mystischen Mann

aus »Ein Donnerstag zum Schwindligwerden«
Zeichnungen von Friedrich Kohlsaat

Und Britta rannte die Treppen hinunter, so schnell wie sie konnte. Die Sache war nur die, daß sie unterwegs jemand traf: den MYSTISCHEN MANN! Ehrlich, er sah ziemlich mystisch aus! Schon allein deshalb, weil er eine Sonnenbrille trug. Außerdem hatte er eine graue Jacke an und blaue Hosen und einen Schlips um, und er fragte, wo das Zimmer des Rektors sei. Angst kriegte Britta eigentlich nicht, jedenfalls nicht sehr große, nicht so, daß sie den Verstand verlor. Denn schließlich muß man ja bedenken, daß Tord immer eine Menge zusammenschwindelt, wenn er zu spät kommt.

Aber als Britta jetzt zeigen mußte, wo das Zimmer des Rektors lag, zeigte sie sicherheitshalber doch in die falsche Richtung. Sie wollte nämlich nicht, daß M. M. die Abfalltüte entdeckte, die sie dort hingestellt hatte. Also zeigte sie auf die Turnhalle. Danach brauchte sie nur hinter M. M. herzuschleichen, quietschfidel und puppenlustig, ha, ha, ha! Geradewegs in den Umkleideraum der großen Mädchen marschierte er!

Dann aber mußte Britta machen, daß sie wegkam, denn wenn jetzt gleich die großen Mädchen splitternackt herausgestürzt kamen und M. M. mit ihren nassen Handtüchern kreischend und schreiend verjagten, durfte M. M. ja nicht merken, daß er bespitzelt wurde.

Darum lief Britta so schnell weg, daß sie gar nicht darauf achtete, wohin sie lief. Jedenfalls saß sie plötzlich auf einer Schaukel, die auf dem Schulhof stand, und schaukelte. Sie schaukelte hoch, bis in den Himmel hinauf. Es war so wunderbar, und als sie mitten im schönsten Schaukeln war, kam der Rektor.

»Schau einer an«, sagte er, »da sitzt ja Britta Svensson und schaukelt bis in den Himmel hinauf.«

»Es ist so schön!« jubelte Britta.

Der Rektor kam näher.

»Was ist denn so schön?« fragte er.

Da mußte Britta erst mal nachdenken. Dann fiel ihr ein, was sie antworten konnte.

»Der Frühling!« rief sie.

»Ja«, sagte der Rektor und gab ihr einen Schubs, so daß sie fast bis ganz in den Himmel hineinflog.

»Ja«, sagte er, »das ist schön! Der Frühling naht mit Brausen, so daß einem ganz schwindlig werden kann. Aber sag mal, Britta, hast du denn gar keinen Unterricht?«

»Ach ja, richtig!« rief Britta, und dann mußte sie zum Klassenzimmer zurück, und der Rektor kam mit. Sie liefen Hand in Hand, es war einfach herrlich, und als sie vor der Tür angelangt waren, klopfte jeder von ihnen einmal an, und erst dann traten sie ein. Alle standen auf, sogar die Neue.

»Ich möchte mich nur erkundigen, ob es in dieser Klasse jemand gibt, der mein Büro für eine Art Abladeplatz für Schutt und Müll hält?« fragte der Rektor.

Das hielt natürlich niemand für möglich. Aber als der Rektor diese Frage stellte, ließ Britta seine Hand los, denn das hätte er ja nun wirklich nicht zu petzen brauchen. Die Neue guckte den Rektor stumm an und schüttelte nur den Kopf. Und sie guckte ihn so lange an, bis er schließlich ging. Das einzige, was sie sagte, nachdem er die Tür hinter sich zugemacht hatte, war:

»Wo ist meine Kopfschmerztablette?«

In diesem Augenblick läutete es zur Pause, also war nicht zu hören, daß Britta keine Antwort wußte. Alle fingen an, in ihren Bänken zu rumoren und mit den Füßen zu scharren, jetzt hatten sie ja die große Frühstückspause. Dann haben es alle in der Klasse mächtig eilig.

Nur Britta hetzte nicht. Sie hüpfte nach Hause. Erst auf dem einen Bein, dann auf dem andern. Denn nach Hause mußte sie unbedingt, um die HANSOI-Tür zu beobachten.

Während der großen Frühstückspause ist bei Svenssons eigentlich nie jemand zu Hause, und deshalb wunderte sich Britta sehr, daß auf ihr Klingeln aufgemacht wurde. Es war Brittas Schwester Malin. Daß sie zu Hause war, lag daran, daß sie nicht in der Schule bleiben mochte, weil dort ein gewisser Klassenkamerad war, den sie nicht treffen wollte. Ein Junge, der Nisse Sandgren hieß. Und überhaupt wollte sie mal etwas Neues im Leben tun, erklärte sie. Schließlich kann man ja nicht ewig ein und dasselbe machen. Also wollte sie mal backen oder irgend so was, sagte sie, und das tat sie auch. Sie fuhrwerkte in der Küche herum und backte, daß das Mehl nur so stäubte. Von hinten sah sie ganz vergnügt aus, aber ihr Haar hing traurig herab, und je länger sie dastand und den Teig knetete und klopfte und rollte, desto deutlicher sah man, daß sogar ihr Rücken allmählich weniger fröhlich wurde. Sie sackte irgendwie zusammen. Als sie sich dann umdrehte, rollten schon wieder Tränen aus ihren Augen.

»Ach, du, Britta«, jammerte sie. »Ich hab ja ganz vergessen, Mandeln zu kaufen.«

Britta konnte das zwar nicht so schrecklich traurig finden, lief aber trotzdem los, um für Malin Mandeln zu kaufen. Es war wirklich der größte Glückstag der Welt! Denn gerade als sie in der Schlange vor der Ladenkasse stand, da kam HANSOI! Zuerst glaubte Britta, sie würde auf der Stelle tot umfallen. Aber diesmal starrte HANSOI Britta nicht an – beide taten, als seien sie Luft füreinander, jeder guckte woandershin. Britta besah sich die Dosen mit Mohrrüben, und HANSOI schien irgend etwas auf dem Brotregal entdeckt zu haben. Einen Augenblick später aber schielte HANSOI zu den Mohrrübendosen hinüber, und da kreuzten sich ihre Blicke.

Jetzt schauten beide ganz schnell zu dem Regal hin, wo es Joghurt und Milch gab. Das alles war fast unheimlich, aber gleichzeitig auch herrlich, und Britta hätte das gerne jeden Tag gemacht, nur so dastehen und sich mit einem HANSOI Joghurt angucken! Aber dann war sie an der Reihe und mußte die Mandeln bezahlen und gehen. Unterwegs konnte sie an nichts anderes denken als an HANSOI, obwohl sie sich alle Mühe gab, es bleiben zu lassen. Und als sie sich richtig Mühe gab, auf etwas anderes zu kommen, fiel ihr wieder M. M. ein . . .

Sie entdeckte ihn sofort, als sie zur Schule zurückkam. Wie gewöhnlich hatte es schon geläutet, und darum mußte sie sich mächtig beeilen. Alle andern waren schon längst die Treppen hinauf verschwunden, darum rannte sie so schnell, wie sie nur konnte. Vorbei an der Turnhalle und den Umkleideräumen, dann am Raum für Werkunterricht und am Kartenzimmer – aber da war stop, weiter kam sie nicht, denn genau dort stand der MYSTISCHE MANN und wartete auf sie.

MM

Eva Marder, Der letzte Morelli

aus »Die Taschen voller Luftballons«
Zeichnungen von Arnhild Johne

In einer Kleinstadt sieht es mit den Sensationen ziemlich trostlos aus. Mit den echten Sensationen, die den Alltag auf den Kopf stellen.

Aber zweimal im Jahr platzt die Stadt aus den Nähten vor Farbe und Lärm und Betrieb. Da rollen die bunten Jahrmarktswagen die Bebelstraße entlang zum Neumarkt und dem alten Markt. Fremdartige Menschen springen heraus, schlagen Zelte und Karussells und Buden auf, bis man die Märkte kaum noch erkennt.

Eve hat einen Fensterplatz in diesen Tagen. Vom Eckzimmer aus überblickt sie die ganze Pracht: von der Raupe zur Krinoline und der Geisterbahn. Alles, was auf dem Neumarkt steht, ist Eves Reich. Die andere Jahrmarktshälfte findet auf dem alten Markt statt. Und beide Hälften sind durch Musik und Luftballons und kleine Buden miteinander verbunden. Da kann sich keiner verlaufen, der von einem fernen Dorf in die Stadt kommt und den Jahrmarkt sucht.

Die Karussells sind ehrlich verteilt auf den Märkten. So einigermaßen ehrlich. Der Neumarkt ist nun mal kleiner und hat viele Bäume. Da ist kein Platz für die Achterbahn oder das Riesenrad. Zum Ausgleich gibt es hier die größte Schau der Welt: die Todesfahrer an der Todeswand. Schön gruselig klingt das, und es ist auch gruselig. »Die drei Morellis«, so heißen die todesmutigen Männer. Auf teerschwarzen Motorrädern rasen sie um die steile Todeswand herum. Überholen einander, fahren noch ein Stück höher und noch eins. Der dritte Morelli wagt sich fast bis an den Rand. Nur zehn Zentimeter fehlen noch. Er ist der todesmutigste der drei. Und dann sieht er noch unwahrscheinlich aus mit seinen schwarzen Augen und dem himmelblauen Pulli.

Letzten Frühling war Eve zum erstenmal in der größten Schau der Welt, und sie hat vor Aufregung feuchte Hände gekriegt. Er rast gefährlich hoch, der dritte Morelli.

»Den möchte ich kennen«, sagt sie hinterher zu Lotte.

»So einen kennt man nicht. Es ist eine andere Welt.«

»Wenn man das Ohr an den Telegrafenmast hält, hört man sogar Musik aus Paris«, sagt Eve.

»Was hat das mit den Todesfahrern zu tun?«

»Das ist wie mit einem Stern in der Hand«, sagt Eve. »Man muß dran glauben.«

Ein Jahr ist das her. Zwölf Monate. Dreihundertvierundsechzig Tage. Und jeden Tag hat Eve an den dritten Morelli gedacht. Beinah jeden Tag. Im Herbst hat es ihr einen richtigen Stich gegeben, weil die Todesfahrer nicht in die Stadt gekommen sind.

In diesem Frühling stromert Eve allein auf dem Neumarkt herum. Es ist Freitag gegen Abend und ein klein wenig dämmrig. Die meisten Zelte und Karussells sind schon aufgebaut. Die Jahrmarktsleute haben frei und laufen in ihren Alltagssachen herum. Der Feuerschlucker sieht aus wie der Apotheker Naujoks und die Schlangenbeschwörerin wie die Waschfrau Quaas.

Vor der Todeswand zögert Eve, liest das Schild: »Die drei Morellis«. Und sie hofft, daß es noch dieselben drei sind. Daß keiner abgestürzt ist in die Tiefe. Da spricht sie einer von hinten an, und sie fährt herum.

Vor ihr steht der dritte Morelli. Er muß es sein, wenn er auch etwas verändert ist ohne Motorrad, ohne Schminke, ohne himmelblauen Pulli. Eve starrt ihn an, als wäre Mogli leibhaftig aus dem Dschungel getreten.

»Kennst du dich aus?« fragt er.

Eve nickt. Um keinen Preis darf er merken, wie wacklig ihre Knie sind. Sonst lacht er womöglich alles kaputt. Was mag er wollen? »Kennst du dich aus?« ist ein guter Anfang.

Einen verwegenen Augenblick glaubt Eve, daß er Nachwuchs sucht für das todesmutige Rennen. Daß sie bei ihm in die Lehre gehen soll, weil sie absolut furchtlos und tollkühn ist. Weil sie dreizehn schwierige Kunststücke auf dem Fahrrad kann.

Dann wird sie eines Tages der vierte Morelli sein, der kleinste von allen, und in allen fünf Erdteilen wird man ihren Namen kennen. Am Ende spricht man noch Jahre später von ihr.

»Wie war das eigentlich mit der Eve Morelli?« werden die Kinder fragen. »War sie wirklich die beste von allen auf ihrem winzigen Motorrad? Ist sie immer oben am Rand gefahren – noch höher als die andern Morellis? Ist sie sehr tapfer gewesen, Vater?«

»Ja, mein Junge, die kühnste von all den kühnen Männern an der Todeswand.«

Gut hört sich das an, und mit ein wenig Glück landet sie wirklich dort – hoch oben am Rand der Steilwand.

Doch der dritte Morelli reißt sie mit einem Wort auf die Erde zurück. »Wo kauft man hier Unterhosen?« fragt er.

»Unterhosen?« stottert Eve.

»Die Dinger, die man unter der Hose trägt«, erklärt der dritte Morelli. »Meine sind zerkoddert und rutschen, weil das Gummi ausgeleiert ist.«

Eve starrt ihn immer noch an. Da steht dieser umwerfende Mann direkt vor ihrer Nase und redet über Unterhosen wie der Vater. Der hat noch die Kalmückenen an. Der Frühling ist ausgesprochen kühl.

»Wenn Sie kalmückene brauchen, die gibt es im Kaufhaus Silbermann«, sagt Eve mit zittriger Stimme.

»Kalmückene?« fragt der dritte Morelli, und sein Mund klappt auf. »Was zum Teufel soll das sein?«

»Die langen mit der angerauhten Innenseite«, flüstert Eve. Am liebsten möchte sie tief in den Boden sinken. Warum hat sie nur von den Kalmückenen angefangen?

Der dritte Morelli macht den Mund wieder zu. »Ich trage kurze«, sagt er. »Gibt es die auch in eurem Kaff, oder soll ich weiter so rumrennen?«

Eve geniert sich jede Sekunde mehr, weil sie mit einem todesmutigen Mann über Unterhosen redet. »Ja«, sagt sie leise.

»Zeig mir das Kaufhaus«, sagt der dritte Morelli. »Oder hast du was Besseres vor?«

»Nein«, sagt Eve. Obwohl es warm ist, läuft es ihr kalt über den Rücken vor Aufregung. Zwei Straßen weit darf sie den dritten Morelli begleiten, und alle Leute werden es sehen. Alle. In der Schule wird man darüber reden und zu Haus beim Essen. Selma wird es ihrem festen Freund erzählen und die Itzern dem Apotheker Naujoks. Es ist wie ein Wunder.

Dann gehen sie zusammen die Schulstraße hinunter, als müßte es einfach so sein.

»Donnerwetter! Doktors Eve zieht mit einem vom Jahrmarkt rum«, sagt Frau Muskat, und Eve wächst mindestens fünf Zentimeter. Wie eins von den großen Mädchen kommt sie sich vor. Jedenfalls ein oder zwei Minuten.

Der dritte Morelli hat nämlich lange Beine, und Rücksicht ist ein Fremdwort für ihn. Sie muß rennen, um Schritt zu halten. Und weil er doch so gern über Unterhosen redet, bleibt sie beim Thema. Sonst schläft die Unterhaltung ein, und das will sie um keinen Preis.

»Haben Sie nur die eine?« fragt sie und wird rot.

»Genaugenommen zwei«, antwortet der dritte Morelli. »Aber die zweite hat mehr Löcher als Stoff. Ein Menschenleben hat sie gehalten, jedenfalls beinah. War mal ein Geschenk von der Schlangenbeschwörerin. Von einer ganz tollen Nummer.« Er kriegt richtige Samtaugen.

»Wie viele hat dein Vater?«

»Etwa ein Dutzend«, sagt Eve verlegen.

»Wozu soll das gut sein? Zwei reichen dicke. Eine trägt man, die andere wäscht die fette Emma. Wer wäscht die von deinem Vater?«

»Die Waschfrau Quaas.«

Der dritte Morelli prustet los. »Klar!« ruft er. »Wer ein

Dutzend Unterhosen hat, braucht 'ne extra Waschfrau dafür. Ist's noch weit bis zum Silberkopf?«

»Silbermann«, verbessert Eve ihn.

»Kopf oder Mann – wer will das schon wissen?« sagt der dritte Morelli. »Das ist doch piepschnurzegal ist das – ob Mann oder Kopf!« Und er lacht schon wieder, obgleich es überhaupt kein Witz ist. »Doktors Eve zieht mit einem vom Jahrmarkt rum«, sagt der Fleischer Pleitz, der vor seinem Laden Rostbratwürste brät.

Diesmal wächst Eve keinen Millimeter. Sie schrumpft eher ein. Bei näherer Bekanntschaft verliert der dritte Morelli.

»Du heißt Eve«, sagt er wie jemand, der etwas völlig Neues entdeckt hat. Ein Mittel gegen Schnupfen oder einen neuen Stern. »Und dein Vater ist Arzt und trägt kalmückene Unterhosen«, fügt er hinzu und lacht und lacht. Wie ein Idiot lacht er, und plötzlich steht er Eve bis oben.

»Ja, das tut er«, sagt sie. »Und wenn er nachts weg muß zu kranken Leuten, dann hat er es schrecklich eilig. Es kann ja einer im Sterben liegen oder kurz davor. Dann rennt er in den Kalmückenen los – einfach so, ohne was drüber.«

Der Mund des dritten Morelli klappt ganz weit auf. Man sieht, daß er dringend zum Zahnarzt muß. »Und die Leute schlucken das?« fragt er und lacht noch lauter. »Die schmeißen ihn nicht hochkantig raus? Die lassen ihn in ihre Wohnung mitsamt seinen kalmückenen Unterhosen?«

»Ein Arzt ist schließlich keine Modepuppe«, sagt Eve todernst. »Mein Vater könnte nackt ankommen, aber das tut er nicht. Er ist anständig und trägt die Kalmückenen.«

Kein Sechsjähriger würde auf solchen Quatsch hereinfallen, doch der dritte Morelli ist restlos begeistert.

»Mensch!« schreit er und haut sich auf die Schenkel, daß es klatscht. »Und da heißt es, wir vom Jahrmarkt sind verrückt. Wenn ich das an der Todeswand erzähle!« Er lacht und lacht und findet kein Ende.

»Hier ist das Kaufhaus«, sagt Eve, als sie direkt davorstehen. »Und dort ist die Tür. Unterhosen gibt es hinten links. Die Verkäuferin heißt Emma. Bezahlt wird an der Kasse. Kapiert?«

»Ich bin ja nicht bekloppt«, sagt der dritte Morelli, aber eine Kleinigkeit verwirrt ist er schon.

Eve macht kehrt und rennt zum Neumarkt zurück. Für so einen Pumuchel hat sie geschwärmt. Es ist nicht auszudenken. Hoffentlich erfährt es niemand. Doch diesmal arbeitet die Buschtrommel richtig gut. Beim Abendessen sieht der Vater aus, als ob ihm jemand ein größeres Geheimnis anvertraut hätte. Eins von der unangenehmen Sorte. Und die Itzern verbeißt sich das Lachen. Heute hält sie womöglich nicht dicht.

Eve dreht die Scheibe auf dem Tisch, wo Brot und Butter liegen, Wurst und Käse und Radieschen – aber sie nimmt nichts. Der dritte Morelli kratzt sie im Hals wie der Zimtstern von der Weihnachtsfeier. Sie dreht die Scheibe wie ein Karussell.

»Du bist zu groß für solche Kindereien«, sagt die Mutter.

Da platzt die Itzern heraus mit dem Geheimnis. »Die Eve ist schon ziemlich groß«, sagt sie. »Sie hat einen Freund. Einen vom Jahrmarkt, der Geld verdient. Das Studium können Sie sparen, Herr Doktor.« Eve läuft rot an.

Der Vater kichert. »Es hat sich rumgesprochen«, sagt er. »Die Muskat war in der Sprechstunde mit einer nagelneuen Krankheit und den allerneuesten Nachrichten.«

»Was für eine Krankheit?« fragt Eve.

»Lenk nicht von deiner großen Liebe ab. Wann wird denn geheiratet?«

»Was heißt Heirat?« sagt Eve. »Die große Liebe ist längst vorbei, weil der dritte Morelli vor Dummheit strotzt. Geh mal Unterhosen kaufen mit ihm, dann merkst du es.«

»Ich kann mich beherrschen«, sagt der Vater. »Besorg deinem Angebeteten nur selber welche.«

»Siehst du, genau das haben wir getan«, sagt Eve. »Du hast keine Ahnung, wie schnell man da kuriert ist.«

Christine Nöstlinger, Wie Ariane im Erdboden versinken wollte

aus »Luki-live«

Vor dem Schulhaus waren haufenweise Schüler, die keine Lust hatten, in die Klassen zu gehen. Schönes Wetter war, die Sonne schien, negerbraun waren die meisten. Sie erzählten vom Urlaub und klagten, daß es ein wahrer Jammer sei, wieder in den Bunker hinein zu müssen. Die aus meiner Klasse belagerten den zweiten Kastanienbaum von links. Der Luki war nicht dabei. Als ich zum Kastanienbaum kam, rief die Kugel: »Du liebes Hergotterl, der Luki-live ist krank!« Und alle wollten wissen, welche Krankheit er denn habe. Keiner konnte sich vorstellen, daß ein gesunder Luki-live nicht neben mir her zur Schule wanderte. Aber bevor ich meine Mitschüler noch aufklären konnte, kam einer auf einem Fahrrad um die Ecke gebogen.

»Mensch, Kinder, schaut euch den Freak an«, rief die Mausi, »von wo ist denn der entlaufen?«

Und der Herbert staunte: »Was ist denn das für einer?«

Was das für einer war, hatte ich schon begriffen, als er um die Ecke bog, weil ich nämlich ziemlich weitsichtig bin. Der auf dem Fahrrad war der Luki!

Das Fahrrad – ganz für sich allein – war schon ein Irrsinn. Woher der Luki das hatte, war mir schleierhaft. Und warum er es hatte, noch viel schleierhafter. In unserem Keller steht das Fahrrad vom Luki. Es ist ein Renner mit allen Kinkerlitzchen, und es war so teuer, daß seine Eltern und die Oma und zwei Tanten dafür zusammengelegt haben.

Das Fahrrad aber, auf dem der Luki jetzt herangewackelt kam, das war garantiert noch aus der Zeit, wo man Fahrräder »Velozipede« genannt hat. Der direkte Nachfahre vom Hochrad war das. Dick und riesig und schwarz lackiert. Mit Riesenpedalen und einem Lenker wie eine Mistgabel. Am hinteren Rad war ein Netz über die Speichen gespannt. (Damit die Damen der Jahrhundertwende sich nicht mit den Röcken in den Speichen verfingen.)

Aber zuerst beachtete ich das Fahrrad gar nicht, denn der Luki war noch viel irrsinniger anzusehen als das Veloziped.

Um beim Kopf zu beginnen: Seine rotbraunen Kräuselhaare waren über den Sommer ziemlich gewachsen. Ein Gummiringerl hielt sie am Hinterkopf zusammen. Aber für einen Pferdeschwanz waren sie nicht lang genug. Wie ein dicker Malerpinsel voll hundsbrauner Fußbodenfarbe sahen die Haare aus. Auf der Nase hatte der Luki einen vergoldeten Zwicker, am Oberkörper ein weißes Hilfskellner-Jackett, die Jeans waren auf Knielänge gekürzt. Rot-weiß geringelte Wadenstutzen hatte er an den Beinen und an den Füßen schwarze, hohe Schuhe mit vielen Ösen, durch die hellgrüne Schuhbänder gezogen waren. Auf Lukis Rücken aber war der große dunkelgraue Rucksack mit den zwei Außentaschen und den dicken ledernen Tragriemen. (Als wir noch sehr klein waren, haben wir mit dem Rucksack immer »Auswandern« gespielt.) Und unter einen Arm geklemmt – und das war der echte Gipfel! – hatte der Luki ein dickes Knäuel brandroter Wolle mit zirka einem Meter Schal rundherum gewickelt und zwei Stricknadeln dran.

Der Luki fuhr bis zum Kastanienbaum. Alle starrten ihn ergriffen an. Die von den anderen Klassen auch. Der Luki stieg vom Fahrrad, lehnte das Rad an den Baumstamm. Ich lehnte auch am Baumstamm. Der Luki lächelte in die Runde, und dann beugte er sich zu mir (ich bin seit ein paar Jahren um fast einen Kopf kleiner als er) und sagte:

»Hello, mon amour!« und dann küßte er mich auf die

rechte Wange. Verdammt und zugenäht, ich habe geglaubt, ich versinke zwischen den Kastanienwurzeln im Erdboden. Seit dem Tag, wo uns der fiese Fotograf zum Küßchengeben gezwungen hat, weil er das niedlich fand – und das war noch im Kindergarten – hatte mich der Luki nicht mehr geküßt. Und schon damals hatte er es nur unter lautem Protest getan. Außerdem gibt es beim Küssen vor der Schule Regeln, an die man sich zu halten hat. Es sind fast die gleichen Regeln wie beim Rauchen vor der Schule: Die Abiturklasse küßt und raucht vor dem Schultor. Die siebenten und sechsten Klassen küssen und rauchen bei den Fahrradständern hinter der Turnhalle an der Rückseite der Schule. Und wer noch nicht in die sechste Klasse geht, der raucht und küßt nicht. Und falls er es doch tut, hält er zumindest eine Bannmeile ein.

Am ersten Schultag der vierten Klasse vor dem Schultor geküßt zu werden, ist ganz und gar außergewöhnlich. Aber außer mir hat gottlob den Kuß niemand zur Kenntnis genommen, denn die aus unserer Klasse waren vom Luki seinem Aussehen verwirrt, und der Schulwart hat im Augenblick des Kusses gerade aus dem Schultor herausgerufen, daß er in Null-komma-Josef die Schulglocke läuten wird, und da sind die meisten Schüler ins Haus hineingewieselt. Nur die aus meiner Klasse haben noch immer still und starr um den Luki und mich herum gestanden. Es war ein andächtiges Starren. Der Berti Stein hat sich als erster erholt. Er hat dem Luki auf die Schulter geschlagen und gerufen:

»Luki-live, du bist Spitze!«

Das war das Signal für alle anderen. Sie haben losgebrüllt wie die Affen, wenn sie den Wärter mit dem Futter erspähen. Sie waren ganz aus dem Häuschen. »Toll« und »Irre schick« haben sie gebrüllt. Und die Mausi hat gesagt, daß der Luki jetzt den Sieberl bei weitem übertrifft. Der Sieberl geht in die Achte und hat einen großen schwarzen Hut auf und an den Füßen meistens Stöckelschuhe. Alle waren so begeistert, daß sie den Luki im Siegeszug ins Schulhaus hineintragen wollten.

Doch der Luki hat gesagt, zuerst muß er sein Rad zu den Fahrradständern schieben. Wir sind mit ihm, um das Schulhaus herum, und bis wir ganz herum und in der Schule drin waren, da hat die Glocke längst geläutet gehabt, und überall war es schon mucksmäuschenstill.

Der Parasol stand an der Klassentür und schaute empört nach uns aus. (Der Parasol heißt: Dr. Monika Pilz und ist unsere Klassenlehrerin. Der Parasol ist nicht alt, aber sehr grämig.) Der Parasol war giftig, und er hat uns angekeppelt, daß er am ersten Schultag noch Gnade vor Recht ergehen lassen wolle, aber wenn wir noch einmal wagen sollten, geschlossen zu spät zu kommen, dann . . . und-so-weiter-und-so-fort. (Jeder kennt so einen Lehrerunsinn, man muß das nicht extra schreiben.) Den Luki hat der Parasol zuerst gar nicht richtig gesehen, weil zwischen ihm und dem Luki die Mausi gestanden hat, und die Mausi verdeckt alles. Erst als wir schon auf den Plätzen gesessen hatten und der Parasol seine rügenden Blick hat schweifen lassen, da hat er im Mittelgang den Rucksack stehen sehen. Der Parasol hat Falten auf der Stirn bekommen und mit dem Zeigefinger auf den Rucksack gezeigt und gefragt: »Was ist das?«

Wir haben im Chor geantwortet: »Das ist ein Rucksack.« Es hat sich angehört, als ob wir im Deutschkursus für Anfänger wären. Nur hat der Parasol nicht danach auf die Tür gezeigt und gefragt: Was ist das?, sondern er hat weiter auf den Rucksack gezeigt und gefragt: »Und was soll ein Rucksack hier?« Das war eindeutig nicht mehr Anfängerkursus, sondern schon für Fortgeschrittene. Der Luki ist aufgestanden, sogar neben sein Pult hat er sich gestellt, der Parasol hat ihn vom Malerpinsel am Kopf bis zu den grünen Schuhbändern in den Schnürlatschen bewundern können.

»Da ich ab heute mit dem Rad zur Schule fahre«, hat der Luki gesagt, »erscheint es mir besser, meine Schulsachen auf dem Rücken zu transportieren. So habe ich beide Hände zum Lenken frei!«

Der Parasol glupschte ratlos. Seit er Luki in voller Größe und Montur erblickt hatte, verschwendete er keinen Blick mehr auf den Rucksack.

»Wie bist du denn bekleidet?« stammelte er schließlich.

»Preiswert und zweckdienlich«, antwortete der Luki. In der Klasse war es unheimlich still, sogar das Kichern verkniffen sich alle, und der Luki fuhr fort: »Die Schuhe sind von meinem Großvater, die sind noch tadellos. Man kann doch tadellose Ware nicht einfach wegwerfen, bloß weil der Benützer verstorben ist!«

Dann erklärte der Luki dem Parasol, daß die schönen Ringelstutzen einstens von seiner Mutter im Handarbeitsunterricht gestrickt worden waren, und es ihm das Herz bräche, wenn das Ergebnis von einjähriger Frauenarbeit keine Verwendung finde. Und nirgendwo könne man preiswerter Jakken erstehen, als in einem Geschäft für Berufskleidung. Und die Haut auf den Beinen könne besser atmen, wenn sie von den Hosenbeinen befreit sei. Und zu guter Letzt erwähnte er noch, daß ihn seine Brille ständig an der Nase und an den Ohren gedrückt und Hautrötungen verursacht habe. Der Zwicker verschone nun wenigstens seine Ohren. Dann setzte sich der Luki wieder auf seinen Stuhl und griff zum roten Wollknäuel. Er entrollte den Schal und begann weiter an ihm zu stricken. Zwei glatt, zwei verkehrt, im Wechsel, alle vier Reihen versetzt.

Ich dachte: So! Jetzt explodiert der Parasol wie ein Staubbovist! Doch der Parasol war zum Explodieren zu ratlos. So schnell wie noch zu keinem Schulanfang haspelte er alle Ermahnungen, Drohungen und Belehrungen herunter, verteilte seine Zettelchen an die Eltern und verkündete sämtliche Geldforderungen von Eltern-Verein und Rotem-Kreuz und Klassenkasse und Bibliothek und vermied es dabei, auch nur ein einziges Mal in Richtung Luki-live zu schauen. Beim ersten Klingelton war der Parasol aus der Klasse draußen. Er flüchtete, als ob die Pockenpest ausgebrochen sei.

James Krüss, Der Schuhputzerjunge

aus »Paquito oder Der fremde Vater«
Zeichnungen von Rolf Rettich

Was ich erzählen will, ist viele Jahre her. Und doch erinnere ich mich daran, als wär es heute. Das kommt daher, daß ich zu jener Zeit oft Magenbeschwerden hatte und daß mein Herz damals oft schneller schlug als sonst. Ich bin nämlich von Hause aus ein ruhiger Mann. Die leisesten der Lebewesen, Pflanzen, die suche, sammle und beschreibe ich. Ich bin an Lärm und Lautes nicht gewöhnt.

Vielleicht habe ich deshalb mit zu der Verwirrung beigetragen, in die ein Junge, ein noch halbes Kind, hineingeraten ist, ein Junge, der Paquito hieß. Von ihm will ich erzählen.

Die Welt dieses Paquito schirmten Bäume. Ihr Laubwerk, ein riesiges Dach, war dunkelgrün, blank waren ihre Blätter, und ihre Stämme waren Säulen. Fest, glatt und knochenfarben standen sie zwischen Kiosken, Stuhlreihen, Tischen und Leuten. Der Himmel über den Bäumen war hoch und blau und schweigsam. Die Leute unter den Bäumen waren laut in vielen Sprachen, aber besonders laut in spanisch. Die Kronen dieser Bäume, die man Indischen Lorbeer nennt, die aber zu den Feigenbäumen zählen, beschirmten die Leute vor dem hohen leeren Himmel und gaben dem Lärm auf der Erde ein Dach.

Der Indische Lorbeer des Parque Santa Catalina in der Stadt Las Palmas kannte den Paquito gut. Und Paquito kannte ihn ebensogut. Er nannte ihn Baum. Wenn jemand von Bäumen sprach, dann dachte Paquito an Indischen Lorbeer,

weil er tagtäglich unter dessen Laubwerk saß, als ein bezahlter Diener vieler Herren, als Schuhputzerjunge.

Paquito hielt sich und seine Stellung in der Welt zu jener Zeit für sehr bedeutend. Kunden, mit denen er spanisch sprechen konnte, bestätigten es ihm immer wieder, wenn er sie seinem kleinen Examen unterwarf.

»Was«, pflegte Paquito in diesem Fall zu fragen, »ist der Mittelpunkt der Kanarischen Inseln, Señor?«

Der Kunde, wenn er kundig war, antwortete: »Die Stadt Las Palmas.«

»Und was«, fragte Paquito, »ist der Mittelpunkt von Las Palmas?«

Der Kunde, der zum Parque Santa Catalina hingefunden

hatte, dem großen Platz, wo alle Welt sich trifft, konnte nur antworten: »Der Parque Santa Catalina.«

»Was aber«, fragte Paquito, »ist der Mittelpunkt des Parque, Señor? Lassen Sie sich mit Ihrer Antwort ruhig Zeit. Sehen Sie sich um.«

Paquito konnte mit Gelassenheit auf die Antwort warten. Der Kunde mußte antworten, der Mittelpunkt des Parque sei der Platz der Schuhputzer.

Nun stellte Paquito, wenn die Schuhe des Kunden schon glänzten, die letzte Frage: »Wer ist der Mittelpunkt der Schuhputzer?«

Nach dieser Frage bangte der Junge manches Mal, es könnte eine falsche Antwort kommen. Aber da er von den erwachsenen Kollegen sehr oft angerufen wurde, und da die Kunden liebenswürdige Leute waren, wenn sie sich einließen auf das Examen, so kam fast jedesmal die Antwort: »Du, Paquito.« Und die Höhe des Trinkgeldes war eine freundliche Bestätigung dieser Antwort.

So machte Paquito sich nicht ungeschickt zum Mittelpunkt der Kanarischen Inseln. Nur ahnte er nicht, wie abseits seine Inseln damals auf der Welt noch waren; denn für das große Afrika, vor dessen Küste sie im Ozean liegen, bedeuteten sie in jenen Jahren nichts; und für die Spanier, die sie eroberten, besiedelten und heute noch besitzen, waren sie afrikanische Provinz, weit weg von Spanien, gerade noch zum Baden gut, wenn man ein bißchen Urlaub machen wollte. Bananen und Tomaten wurden ausgeführt, Touristen wurden in geringen Mengen eingeführt und in sehr alten Autobussen Tag für Tag herumgeführt. Die Weltgeschichte fand auf den Inseln nicht statt. Nichts geschah, als daß die Sonne schien, im Winter wie im Frühjahr, im Sommer wie im Herbst. All das, was sich im Parque Santa Catalina unter den Lorbeerbäumen wichtig machte und wimmelte und lärmte, war für die Welt so wenig wichtig wie das stille Blätterdach der Bäume.

Schrumpft so die Welt auf einen Platz mit ein paar Bäumen

ein, werden Begebenheiten zu Geschichten. Aus kleinen Kümmernissen werden große Traurigkeiten wie bei Paquito, als er seinen Vater suchte. Den Vater nämlich suchte er seit langem. Nur war das früher, als er Kind gewesen war, so etwas wie ein Ratespiel gewesen, vor allem für seine Tante, für Tia Teresa, bei der er aufgewachsen war, und die sich vom Vater Unterstützung erhofft hatte. Jetzt aber brauchte er ihn, wie er meinte; er glaubte sogar, er habe ihn schon gefunden.

Doch einer nannte diese Vatersuche Schnickschnack. Das war Paquitos Kunde Don Hilario Saturnino Rivero Quintana. Dieser Don Hilario sah mindestens nach einem Herzog aus. Man hätte ihn bei günstiger Beleuchtung sogar für einen pensionierten König halten können. Das Gesicht, windhundlang und windhundschmal, trug über vorgewölbten Lippen einen kleinen viereckigen eisengrauen Schnurrbart. Die Ohren lagen sehr eng an. Die Haare, schwarz und an den Seiten graumeliert, kämmte er glatt nach hinten. Die Hände waren schmal. Seine Bewegungen wirkten bedeutend, weil er sie langsam ausführte.

Don Hilario war das, was man in Spanien einen Caballero nennt. Im übrigen war er Buch- und Papierwarenhändler, hatte eine kleine Druckerei und zusammen mit seiner Schwester eine Finca im Gebirge der Insel, ein kleines Obst- und Mandelgut. Ich kannte ihn, weil er mich oft zu Rate zog, wenn seine Bäume irgendeine Krankheit hatten. Dann rief er mich an und sagte: »Zu Hilfe, Professor.« Von ihm erfuhr ich viel über Paquito. Er war es auch, der mich in Paquitos Geschichte hineinzog.

Don Hilario war ein Mann der festen Gewohnheiten. Er saß im Parque Santa Catalina täglich von zwei bis vier Uhr nachmittags. Hier trank er immer die gleiche Menge Whisky mit immer der gleichen Menge Soda. Aber kein Kellner hätte je gewagt, ihm seinen täglichen Trunk unaufgefordert zu bringen. Man wartete, bis Don Hilario mit zwei Fingern winkte und seine Bestellung sorgfältig artikulierte: »Zwei Fingerbreit Whisky, dazu eine halbe Flasche Soda mit Eis, zwei Würfel.«

Paquito erschien zum Schuhputzen bei Don Hilario gegen zwei Uhr fünfzehn. Dann führten die beiden ein Gespräch zwischen Männern, die im Leben stehen. Bei der ersten flüchtigen Reinigung der Schuhe fragte Paquito beispielsweise: »Ihre Frau wieder auf den Beinen, Don Hilario?«

Dann antwortete Don Hilario: »Dank der Nachfrage. Sie steht schon wieder im Laden. Ich brauche mich nicht mehr um Radiergummipreise zu kümmern.«

Beim Einkremen der Schuhe, das Paquito wie jeder sorgfältige Schuhputzer zu jener Zeit mit den Fingern massierend besorgte, fragte Don Hilario dann vielleicht: »Was macht das Geschäft, mein Junge?« Und Paquito antwortete entweder: »Es macht sich, Don Hilario«; oder: »Ich bin zufrieden«; oder, was seltener vorkam: »Es ist flau.«

An einem bestimmten, etwas aufgeregten Tage aber änderten sich die Gespräche der beiden im Ton und auch im Inhalt. Und das begann mit einem Wasserbesitzer.

An dieser Stelle muß ich anmerken, daß auf unserer trokkenen Insel das Wasser, das seinen wechselnden Wert in Geld hat, in Peseten, eine sehr große Rolle spielt. Es ist hier beinahe so wichtig wie andernorts das Gold. Und Wasserbesitzer, die ober- oder unterirdisches Wasser haben, sind meistens wohlhabend und oft sogar sehr reich.

Ein solcher Wasserbesitzer nun, ein gewisser Don Felipe vom Norden der Insel, kam an jenem Tage zum Parque, um sich dort auch die Schuhe putzen zu lassen. Er kam sehr selten in die Stadt und war von den Schuhputzern gefürchtet, weil er ein ewig aufgeregter Mann war. Paquito kannte ihn noch nicht. Der Mann aber kannte – Gott weiß, woher – Paquito. Und dieser Mann, sagte mir Don Hilario, habe an jenem Tag den Streit gesucht, ganz gleich, mit wem. Daß er dabei an Paquito geriet, schien zuerst nichts weiter als Pech für den Jungen zu sein. Aber es änderte sein ganzes Leben.

Der kurzatmige Don Felipe knurrte schon, als Paquito auf dem Schuhputzleisten dessen Fuß zurechtrückte. Als aber dann die Bürste mit der Schuhkrem seiner Hose nahekam, da brüllte er: »Beschmier mir doch die Hose nicht, du Lümmel.«

»Aber Señor, es kam ja nichts an Ihre Hose«, sagte Paquito. »Es ist auch nichts zu sehen.«

»Ich hab es doch gesehen«, schrie mit rotem Kopfe Don Felipe. »Du wolltest mir meine Hose absichtlich beschmieren, du Lump.«

»Wenn ich die Hosen von meinen Kunden mit Schuhkrem beschmiere, Señor, dann kann ich meinen Beruf gleich jetzt aufgeben.«

»Was gehen mich denn deine Kunden an, du Bastard?« brüllte Don Felipe. »Ich spreche von mir und meiner beschmierten Hose, du Aas.«

Nach diesem Ausruf stand Paquito auf und sagte: »Señor, es ist besser, wenn Sie den Schuhputzer wechseln.«

Die anderen Schuhputzer aber, die bei dem Geschrei längst im Alarmzustand waren, verzogen sich jetzt in das kleine Café, das Carlito, der Kellner, regierte. Der Wasserbesitzer fand, als sich Paquito von ihm entfernte, niemanden sonst, der ihm die Schuhe putzte. Und nun fing das Gebrüll erst richtig an: »Du kommst sofort und auf der Stelle zurück, du Flegel! Ich werde mich beschweren!« Doch als Paquito sich nicht regte, rief Don Felipe mit überkippender Stimme: »Du Hergelaufener, du hast ja nicht mal einen Vater!«

Nach diesem Ausruf, hat mir Don Hilario erzählt, wurde Paquito, der sich von Don Felipe abgewandt hatte, blaß; aber er drehte sich mit Würde um und sagte: »Ohne einen Vater, Señor, wäre ich gar nicht auf der Welt.«

Danach muß irgendwer den keuchenden Mann beruhigt haben. Paquito konnte unbehelligt wieder Schuhe putzen.

Aber von diesem Tage an, sagte mir Don Hilario, gab es nur noch *ein* Thema für Paquito: seinen Vater.

Nelly Däs, Begegnung mit Väterchen Frost

aus »Wölfe und Sonnenblumen«

Nicht weit vom Schweinestall entfernt stand ein kleines Häuschen. Wir Kinder fürchteten uns ein wenig davor. Eines Tages spielte ich, achtete nicht weiter auf das Haus und kam ihm immer näher. Plötzlich öffnete sich die Tür. Vor mir stand ein alter Mann. Sein langer, weißer Bart reichte ihm bis zum Bauch. Ich betrachtete ihn voller Angst und Neugier. Die Neugier war stärker, und ich fragte ihn: »Seid Ihr der Det-Maros?« (Väterchen Frost) Dabei trat ich vorsichtshalber einen Schritt zurück, weil ich fürchtete, er könnte mich in einen Eiszapfen verwandeln, denn dafür war der Det-Maros ja bekannt.

»Ach nein, der Det-Maros bin ich nicht«, erwiderte er lächelnd. »Aber du bist sicher die Eisprinzessin? Oder bist du ein kleiner Engel mit schwarzen Augen?«

»Nein, die Nelly Schmidt bin ich, und meine Mutter arbeitet hier im Schweinestall.«

Langsam trat ich näher. Der Mann war ein Russe und hatte seinen Spaß an meiner Aussprache, die noch immer voller Fehler war. Er lachte oft und war sehr freundlich zu mir.

»Komm herein«, forderte er mich auf, »dann zeige ich dir meine Kaninchen. Ich habe ganz viele hier im Zimmer.«

Aber davon wollte ich denn doch nichts wissen. Ich drehte mich um und lief davon.

Später fragte ich Tante Rosa nach dem alten Mann.

»Ach, du meinst den Einsiedler«, sagte sie. »Der spricht

mit keinem Menschen ein Wort, und alle Kinder haben Angst vor ihm.«

»Ich habe aber gar keine Angst«, versicherte ich. »Und mit mir hat er gesprochen. Er will mir seine Kaninchen zeigen. Morgen besuche ich ihn wieder, und vielleicht gehe ich sogar in sein Haus.«

»Das sage ich deiner Mutter, dann wird sie es dir verbieten.«

Als ich abends im Bett lag, konnte ich lange nicht einschlafen, weil ich immer an den alten Mann denken mußte. Gleich morgen früh wollte ich ihn besuchen. Aber am Morgen hatte ich keine Zeit, weil ich der Mutter helfen mußte, und am Nachmittag wollte ich Schlitten fahren gehen. Der große Kreideberg war eine herrliche Rodelbahn.

Johann wollte gern mit zu dem alten Mann, doch ich wollte ihn nicht dabei haben. Er war Mutters Liebling, und er petzte immer gleich alles, was er erfuhr. Ich wollte lieber allein gehen, nur wußte ich nicht, wie ich den Bruder loswerden sollte. Schließlich wurde mir klar, daß ich die Tatsache ausnutzen konnte, daß mein Bruder Johann ein großer Angsthase war.

»Siehst du das Haus dort?« sagte ich. »Da wohnt der Det-Maros! Wenn du mitkommst, macht er einen großen Eiszapfen aus dir.«

Johann blieb stehen, sah mich an und fragte ängstlich: »Ist das auch nicht gelogen?«

»Nein, nein, es ist wahr! Komm doch mit, dann wirst du's ja sehen! Nun los! Komm schon!«

Ich hatte richtig gerechnet. Er kehrte um. Ich aber lief schnell zur Tür des kleinen Häuschens. Nichts regte sich. Ich schaute durch das Fenster. Der alte Mann lag auf seinem Bett, und in der Stube wimmelte es von Kaninchen. Es war ein seltsames Bild. Ich konnte mich nicht davon losreißen. »Ob der Mann wohl tot ist?« fragte ich mich. »Oder schläft er nur? Vielleicht ist er krank, und man muß ihm helfen.«

Aber meine Angst war noch nicht ganz überwunden, und so wußte ich nicht, was ich tun sollte. Meine Füße und Hände froren ganz erbärmlich. Ich wollte schon fortlaufen, um mich wieder zu erwärmen, aber meine Neugier war stärker. Ganz behutsam klopfte ich an die Fensterscheibe. Der alte Mann schlug die Augen auf und sah mich an. Ein Lächeln ging über sein Gesicht. Er winkte, ich solle zu ihm hereinkommen, aber ich preßte die Lippen zusammen und schüttelte entschieden den Kopf.

Er stand auf und kam heraus. Ich trat schnell ein paar Schritte zurück und dachte, dann könnte ich leichter ausreißen, falls es notwendig werden sollte.

»Warum hast du Angst, Töchterchen?« fragte der alte Mann. »Ich tue dir ja nichts. Ich bin schon so alt, fast hundert Jahre, daß ich kaum noch laufen kann. Bitte, komm herein und erzähl mir, woher mein kleines Täubchen geflattert kommt.«

Vorsichtig trat ich Schritt um Schritt näher heran, bis ich ganz dicht vor ihm stand. Dann strich ich über seinen Bart. Er war so weich wie Seide.

Der alte Mann nahm mich bei der Hand. Wir gingen in sein Haus. Zuerst zeigte er mir seine Kaninchen. Das älteste war ein Weibchen und hatte sogar einen Namen. Sie hieß Truß. Er rief sie, und sie kam aus dem Loch, das sie sich in den Fußboden gekratzt hatte. Auch viele andere Kaninchen kamen heraus. Alle Größen waren vertreten. Die meisten Tiere waren ganz zutraulich, und ein paar von ihnen ließen sich sogar anfassen und streicheln.

Dann fing ich an, dem alten Mann von uns zu erzählen, und dabei verging die Zeit viel schneller, als wir merkten. Da ich so lange nicht heimkam, wurde Johann ängstlich. »Jetzt ist mein Schwesterchen bei dem Zauberer«, dachte er, »und vielleicht hat er sie schon in einen Eiszapfen verzaubert!« Er lief zur Mutter und erzählte ihr alles, was er wußte.

Aber die Mutter nahm die Sache nicht so ernst. Sie schickte

nur den großen Bruder Harry nach mir aus. Beide Jungen kamen zum Häuschen und schauten durch das Fenster, wie ich es vorhin getan hatte. Ich lief zur Tür, öffnete und sagte, sie sollten doch auch hereinkommen. Sie taten es. Jetzt, da Harry dabei war, fühlte Johann sich stark und hatte gar keine Angst mehr.

Wir sprachen noch lange mit dem alten Mann.

»Von den Menschen will ich nicht mehr viel wissen«, sagte er. »Die meisten sind böse und schlecht, das laßt euch gesagt sein. Aber meine Tiere – die haben mich noch nie enttäuscht.« Wir wußten nicht, warum uns seine Worte so traurig vorkamen.

Wir drei Kinder wurden gut Freund mit dem alten Mann. Aus dem Kuhstall stibitzten wir ab und zu ein paar Rüben für seine Kaninchen. Vater brachte aus dem Pferdestall ein wenig Heu mit. Die Mutter begleitete uns bei einem unserer Besuche. Sie wollte wissen, wovon der alte Mann eigentlich lebte und ob sie ihm helfen könnte und vielleicht für ihn einkaufen sollte.

Er erzählte uns, er habe sieben Kinder gehabt, von denen aber nur noch drei am Leben seien. »Aber sie wollen nichts mehr von mir wissen. Alle paar Wochen kommen sie wohl und bringen etwas zu essen und ein paar Kopeken, aber das reicht nicht hin und nicht her. Wenn ich meine Kaninchen nicht hätte, wäre ich längst verhungert.«

»Wir werden uns um Euch kümmern«, sagte die Mutter. »Geld haben wir selbst nicht, also können wir Euch keines geben, aber für einen Topf Suppe von Zeit zu Zeit langt es bestimmt.«

Wir gingen an diesem Tag sehr nachdenklich nach Hause, und wir drei Kinder waren uns darüber einig, daß es unseren Eltern einmal nicht so ergehen sollte. Dafür wollten wir schon sorgen.

Kerstin Thorvall, Sussy – fern wie tausend Lichtjahre

aus »Ein Mädchen wie Sussy«

Am Mittwoch war Leif ausgerechnet zum Schulzahnarzt bestellt, als Werken dran war. Typisch, schicken sie einen zum Zahnklempner, und dann immer in einer Stunde, wo man gern dabeisein möchte. Niemals, wenn Mathe dran ist oder Geographie. O nein. Darauf braucht man nicht zu hoffen.

Okay. Leif gehörte nicht zu denen, die rummeckern. Er kramte nur still seine Sachen zusammen und trottete davon.

Die Zahnklinik war im Nebengebäude, zwei Treppen hoch. Der Korridor lag leer und leblos da, ausgestorben, wie Schulen und Korridore das so an sich haben, wenn da keiner redet und kreischt und schubst und lacht und sich prügelt.

In einem leeren Korridor kommt einem die Stille unnatürlich, fast unheimlich vor, und man sieht, wie häßlich und nackt alles ist. Und was an die Wände geschmiert und in die Fensterbretter geritzt ist, sieht man besonders deutlich, und die Mäntel und Jacken hängen schwer und verlassen da.

Beim Gehen hört man jeden Schritt, und unwillkürlich fängt man an zu schleichen, mit den Absätzen so leise wie möglich aufzutreten. Hat man Holzpantoffeln an, ist es ganz schlimm. Das Geklapper dröhnt einem wie Trommelschläge in den Ohren. Davon können alle ein Lied singen, die mal versucht haben, in Holzpantinen auf Zehenspitzen zu gehen.

Leif tat sein Bestes, aber bei einem Schritt stolperte er plötzlich, und es knallte wie ein Pistolenschuß. Er spürte förmlich, wie in jedem Klassenzimmer der Unterricht stockte und alle die Ohren zum Korridor hin spitzten.

Erst da merkte er, daß er nicht allein war.

Weit hinten, unmittelbar vor dem Behandlungszimmer, saß jemand mit wuschligem roten Haar. Es war Sussy. Sie war nicht in der Schule gewesen, darum sah er sie heute zum erstenmal.

Unwillkürlich tat er den nächsten Schritt noch behutsamer, ja er blieb beinahe stehen. Sussy hob den Kopf und schleuderte mit einem stummen Ruck das Haar zurück. Leif wurde rot und wünschte, er hätte ebenso lange Haare wie Berra. Haare, die man vor das Gesicht fallen lassen und hinter denen man gleichsam verschwinden kann.

»Bist du auch herbestellt?« fragte Sussy und warf einen unglücklichen Blick auf die Tür. Hier spürte man schon den Zahnarztgeruch. Er drang durch alle Ritzen. Wie Gas oder so.

»Ja«, sagte Leif fast ebenso heiser wie Sussy.

»Verdammt!« seufzte Sussy. »Also das ist das Letzte.«

Leif nickte, ohne sie anzusehen, ohne einen Schritt näher zu kommen. Es waren immer noch gut zehn Meter bis zu der Bank, auf der Sussy saß.

»Oh, also du ahnst ja nicht, wie mies mir ist«, gestand Sussy, und es klang so jämmerlich, daß Leif einen Blick auf sie riskierte.

Er sah die schwarze Schmiere in dicken Klumpen an ihren Wimpern kleben, aber er sah auch, daß die blauen Ränder unter den Augen nicht gemalt waren. Im übrigen war ihr Gesicht käsig grau. Außer dem Mund natürlich. Der war dunkelrot. In dem Roten klebten trockene, kleine Hautfetzchen.

Es war das erste Mal, daß er mit ihr allein war, und er spürte seine Nervosität wie einen Schmerz im ganzen Körper. Eine leichte Übelkeit, so wie es anfängt, wenn man seekrank wird.

»Was stehste denn da rum? Wieso kommste nicht her und setzt dich?« Sussys Hand mit den kurzen, abgeknabberten

Nägeln, wo vom Nagellack nur kleine Inselchen übrig waren, klopfte auf die Bank.

Er spürte die Hitze in seinem Gesicht, ja sogar in den Augen.

Er setzte sich ein Stückchen von ihr entfernt hin und starrte geradeaus. Zum Glück merkte sie nichts. Sie dachte an was anderes. Sie dachte an den Zahn, der ihr in der Nacht weh getan hatte, und an den Zahnarzt, vor dem sie Angst hatte. Sussy, die sonst nie Angst hatte, fürchtete sich vor dem Zahnarzt.

»O Himmel, also mich hätten ja keine zehn Pferde hergekriegt, wenn's in der Nacht nicht so aasig weh getan hätte, aber jetzt ist's eigentlich so gut wie vorbei. Vielleicht wär's ja überhaupt von allein weggegangen ... O Himmel, ich weiß nicht ...«

Sie seufzte so tief, daß ihre Haare bebten und die Brüste unter dem Pullover deutlicher hervortraten. Dann rückte sie näher an ihn heran.

»Hast *du* denn gar keinen Bammel? Du scheinst ja kein bißchen Angst zu haben«, sagte sie vorwurfsvoll. »Aber du hast ja sowieso immer die Ruhe weg.«

Er sah sie verblüfft an. – Aha. Das fand sie also? Sah sie denn nicht, daß ihm hundert Mäuse im Magen herumnagten? Merkte sie nichts von den Schweißflecken unter den Achseln? Und dem Pickel am Kinn, der juckte und brannte? Oder daß er nahe daran war umzukippen?

Sie roch ein bißchen nach Schweiß und einem süßlichen Parfüm. Als sie den Arm hob, um eine Haarsträhne herauszuzupfen, auf der sie kauen wollte, stieß sie leicht an seine Schulter. Er zuckte zusammen, als hätte er sich verbrannt.

»Was ist? Was haste denn?« Sie guckte ihn neugierig an. »Klar, du hast Schiß. Das sieht man«, stellte sie mit Genugtuung fest.

Das hatte er nicht. Jedenfalls nicht vor dem Zahnarzt. Es war aber besser, daß sie es glaubte.

Daß er irgendwie verstört und nervös wirkte, lag also daran, daß er einen Heidenbammel vor dem Zahnarzt hatte. Na, fein. Dahinter konnte man sich verstecken.

Nie, nie im Leben würde sie erfahren, daß er fast verging, weil er neben ihr saß und weil er sie liebte.

Jeden Morgen, wenn er seine Schulmappe nahm und »Dann tschüß, Mama!« rief und die Mutter »Tschüß, mein Liebling!« antwortete, begann dieses Karussell in der Magengrube, dieses Gefühl, das wie Hunger, aber trotzdem ganz anders war und das zusammengehörte mit dem Gedanken: ›Ob Sussy wohl heute da ist?‹

Und er wußte nie, was er sich eigentlich wünschte. Denn war sie da, dann bekam er sie zwar zu sehen, aber dem Mädchen, das man liebte, so nahe und gleichzeitig so fern, tausend Lichtjahre entfernt zu sein, war im Grunde schlimmer, als wenn sie nicht da war. In einer Art. Gleichzeitig *will* man sie ja sehen. Man möchte sie angucken, möchte sie berühren. Sie umarmen. Ihr wildlockiges Haar an der Wange spüren.

Er fragte sich, was das wohl für ein Gefühl sein mochte. Und nicht auszudenken, wenn jemand seine Gedanken erraten hätte. Wenn sie sie erriet! Lachen würde sie, und wie!

Irgendwie hatte alles gleich am ersten Tag angefangen. Er hatte sie gesehen, und in ihm hatte es ›pang‹ gemacht (oder wie immer es klingt, wenn die Liebe zuschlägt), und wie ein elektrischer Schlag hatte es ihn durchzuckt.

Und so war es noch immer. Alles war noch immer genauso. Er war keinen einzigen Millimeter weitergekommen.

Als er im Sommer mit seiner Mutter auf ihrer Urlaubsreise in Italien gewesen war, hatte er Sussy eine Karte geschrieben. Tagelang hatte er darüber gegrübelt, was darauf stehen sollte, und er hatte mindestens eine Viertelstunde gebraucht, um eine passende Ansichtskarte zu finden. Er schrieb sie mit dem

Rücken zur Mutter. Klebte eine Briefmarke darauf. Steckte sie in die Tasche. Die Mutter, die neben ihm saß und schon einen ganzen Stapel Karten geschrieben hatte, lächelte ihm zu und sagte:

»So, jetzt bin ich fertig mit meinen Karten. Soll ich deine mitnehmen? Ich geb sie alle beim Portier ab.«

Die Röte war ihm ins Gesicht geschossen. Seine Hand in der Tasche fingerte an der Karte herum. Sie war durch die Wärme schon ein wenig klebrig geworden.

»Nein«, sagte er schnell. »Ich schicke sie später ab.«

Natürlich fragte sie: »Aber wieso denn? Wir können sie genausogut jetzt gleich abschicken.«

Daß Erwachsene nie was begreifen!

»Nein!« stieß er hervor, und Schweißperlen traten ihm auf die Oberlippe. »Nein. Ist nicht so wichtig.«

Und er stand auf und ging, nein, lief fast weg. Sie rief ihm nach. Natürlich tat sie das. Mit dieser besorgten und bekümmerten Stimme, die er nicht ertragen konnte. Aber er blieb nicht stehen. Drehte sich auch nicht um. Geradeaus, ohne nach rechts oder links zu sehen, rannte er in die Sonne hinein, dem Wasser entgegen, das im Licht glitzerte. Erst an der Mole blieb er stehen. Mit schweißnassen und kalten Händen zerriß er die Karte, die jetzt schon alt und zerknittert aussah. Er riß sie in fast gleichgroße, winzige Fetzen und sah dann zu, wie sie zwischen den Booten in das ölige, schmutzige Wasser fielen.

Und jetzt saß er also dicht neben ihr. Zum erstenmal allein mit ihr, und ihre Angst gab ihm das Gefühl, sie brauche ihn. Natürlich hätte es genausogut ein anderer sein können, aber es war nun mal er, der gerade da war.

Sie sah ihn mit Augen an, die um Verständnis flehten. Darum sagte er auch, klar habe er Angst vor dem Zahnarzt. Mächtige Angst sogar.

»Aber so 'nen Bammel wie ich kannste gar nicht haben«, klagte sie. »Fühl mal meine Hände an. Die sind eiskalt . . .«

Sie legte ihre Hand auf seine, die geballt auf seinem Schenkel lag, und da plötzlich durchzuckte es ihn, daß sie ja spüren mußte, wie dick seine Schenkel waren. Daß sie ihn bestimmt dick und widerlich fand. Bei diesem Gedanken brach ihm in den Achselhöhlen der Schweiß aus. (Dabei waren die Hände aber ganz kalt.) Er war froh, daß sein T-Shirt nicht so dünn war. Oder war es womöglich trotzdem zu sehen?

»Du hast ja genauso kalte Hände wie ich«, rief sie ganz entzückt im Flüsterton. »Und ist dir auch der Mund so trokken, daß du kaum schlucken kannst?«

Und ob es ihm genauso ging!

Da saßen sie also beide und hatten das gleiche Gefühl.

Aber nie würde sie erfahren, daß das verschiedene Gründe hatte.

»Na, du weißt ja«, sagte er und zog dabei behutsam seine Hand weg, »wenn man es möchte, kriegt man eine Spritze . . .«

»Ooh«, schrie sie auf, »das ist das allerschlimmste, wenn sie mit dieser *Spritze* ankommen!«

»Ja, genau, finde ich auch.«

Voll Eifer stimmte er ihr zu.

»Und deshalb laß ich mir auch nie eine geben«, fuhr er fort. »Ich denke statt dessen lieber an einen Film.«

»An einen Film? Wieso denn? Was meinste damit?«

»Na, an irgendeinen Film, den ich gut fand. Einen, der spannend oder komisch war.«

»Na und? Was haste denn davon?« fragte Sussy, und in ihren Augen blitzte etwas von ihrem alten, trotzigen Ich auf.

»Ich *denke* eben daran, ganz einfach. Ich denke unheimlich fest daran, und dann sehe ich die ganzen Bilder abrollen, und dabei versuche ich, mich zu erinnern, was sie gesagt haben, wie sie ausgesehen haben und was sie getan haben. Und dann brauch ich fast gar nicht mehr daran zu denken, wie weh es tut . . .«

Hila Colman, Großvater im Schaukelstuhl

aus »Und jeder Tag zählt«

An ihren freien Nachmittagen ging Josie nach Hause. Heute war es ziemlich spät geworden, denn Miß Laura hatte noch dies und das von ihr gewollt, ehe sie gehen konnte, und nun wußte sie nicht, was sie mit sich anfangen sollte. Debbie war noch immer in Maine, und zu anderen Freundinnen hatte sie den Kontakt verloren. Im übrigen arbeiteten alle. Josie war unzufrieden mit sich und der Welt.

Ihr Zuhause kam ihr noch trübseliger vor verglichen mit dem von Miß Laura, den schönen Möbeln und Teppichen dort.

Als sie ihren Großvater ansah, der sich in seinem Schaukelstuhl räkelte, das Hemd mit Frühstücksei bekleckert, schlug ihre Unzufriedenheit in Aggression gegen ihn um.

»Warum ziehst du kein sauberes Hemd an? Du brauchst doch nicht so unordentlich hier herumzusitzen. Hast du denn keinen Stolz?«

Ihr Großvater sah sie ruhig an. »Ja, ich hab Stolz, aber ich kümmere mich einen Dreck darum, wie ich ausseh. Manche Leute sind auf dies stolz, manche auf das. Ich bin stolz auf dieses Haus. Ich bin stolz auf die Felder draußen. Wen geht es was an, wie ich ausseh?«

»Mich geht's was an. *Ich* muß dich angucken. Und was ist so toll an diesem Haus? Es ist doch nur ein Loch!«

»Für dich vielleicht. Du hast noch kein Haus gebaut und dein ganzes Leben lang drin gewohnt. Du hast noch niemals deine eigenen Felder mit eigenen Pferden gepflügt und fast alles selbst angebaut, was du ißt. Du bist nicht fünfzig Jahre lang immer über die gleichen Felder gegangen, zu jeder Jahreszeit, in Schnee, Eis, brütender Hitze, hast nicht die Bäume jeden Herbst das Laub abwerfen sehen. Das ist so schön, daß man verdammt nahe dran ist zu heulen.« Er schaute an sich hinunter. »Was bedeutet da ein bißchen Ei auf meinem Hemd?« Er sah wieder zu ihr auf, und sie entdeckte den gleichen Ausdruck in seinen Augen wie in denen von Miß Laura, als sie die Bilder ihres Mannes betrachtet hatte, Widerstand und Stolz, ein Ausdruck, der sagte: »Niemand soll wagen, mir dies wegzunehmen.«

»Ein sauberes Hemd kann trotzdem nichts schaden«, sagte Josie etwas freundlicher. »Ich hol dir eins.«

Ihr Großvater grinste. »Geh schon, Mädchen, wenn es dich glücklich macht.«

Josie half ihrem Großvater in ein sauberes Hemd und kämmte sein Haar mit einem nassen Kamm. »Glatt nach hinten«, sagte er. »Kein Scheitel.« Und nach einer Weile wie im Selbstgespräch: »Ich hab mich nie drum gekümmert, wie ich ausseh, nicht mal, als ich deiner Großmutter den Hof machte. Sie mußte immer mit mir schimpfen, bis ich neue Hosen und solche Sachen kaufte. Mußte mich in den Laden zerren, damit ich mir für unsere Hochzeit ein Hemd kaufte. Kam mir vor wie Geldverschwendung. Hätte lieber einen neuen Pflug gehabt.«

Josie wollte ihn gerade bitten, ihr etwas von früher zu erzählen, als das Telefon klingelte. Es war Miß Laura.

»Kommen Sie sofort zurück! Wir können die Autoschlüssel nicht finden. Mrs. Thompson hat überall nachgesehen, und sie soll mich zum Laden fahren.«

»Ich hab die Schlüssel auf die Anrichte in der Küche gelegt. Mrs. Thompson weiß, wo sie sind.«

»Sie sagt, sie kann sie nicht finden.«

»Geben Sie sie mir mal.«

»Sie ist beschäftigt. Also kommen Sie!«

»Ich kann jetzt nicht. Eine Weile dauert es noch. Mrs. Thompson wird die Schlüssel schon finden, da bin ich sicher.« Josie knallte den Hörer auf. »Kannst du dir das vorstellen«, sagte sie aufgebracht, »ruft mich an und will, daß ich an meinem freien Nachmittag zu ihr komme!«

Ihr Großvater kicherte. »Bedeutet, daß sie dich mag. Will dich um sich haben. Ist vielleicht einsam.«

»Sie hat Mrs. Thompson.«

»Nehme an, dich mag sie lieber. Will den Kontakt nicht verlieren. Wenn man alt wird, kann man schreckliche Angst bekommen, allein gelassen zu werden. Es ist schlimm, mit jemandem zusammenzusein, dem man gleichgültig ist.«

»Was bringt sie auf den Gedanken, daß sie mir nicht gleichgültig ist?«

Ihr Großvater hatte scharfe Augen. »Du bist ein gutes Mädchen, Josie. Sie weiß, was sie an dir hat.«

Es war beinah Abendbrotzeit, als ihre Eltern heimkamen. Ihre Mutter sah müde aus, und Josie half ihr, den Tisch zu decken. »Deine Kusine Mary hat versucht, dich anzurufen«, sagte Mrs. Smyrski. »Wegen der Anprobe deines Brautjungfernkleides.«

Josies Gesicht erhellte sich. »O schön! Ich war so beschäftigt, beinah hätte ich die Hochzeit vergessen.«

»Mary schickt gerade die Einladungen ab, und das kirchliche Aufgebot ist schon verlesen worden. Es sind nur noch vier Wochen bis zur Hochzeit. Das Frühstück für die Hochzeitsgesellschaft wollen wir hier im Haus machen. Dinner und Empfang finden dann im Feuerwehrhaus statt.«

»Ich muß den Tag freinehmen«, sagte Josie. »Aber warum hier das Frühstück?« Sie hielt nicht viel von dieser Idee.

»Das ist das mindeste, was ich für die Tochter meiner verstorbenen Schwester tun kann«, sagte ihre Mutter.

»Josie findet das Haus nicht gut genug«, sagte ihr Vater.

»Das ist nicht wahr!« protestierte Josie.

»Sie lebt jetzt in einer anderen Welt«, sagte ihr Großvater. »Sie ist verwöhnt.«

»Das bin ich nicht!« Josie war entrüstet, aber sie hatte ein schlechtes Gewissen, weil sie wußte, daß Vater und Großvater recht hatten. Der Kontrast zwischen der Welt, in der Miß Laura lebte, und der Welt, in der Smyrskis lebten, verstärkte noch Josies Abneigung gegen ihr eigenes Zuhause.

Der Gedanke an die Hochzeit heiterte sie jedoch auf, und sie ging zum Telefon, um ihre Kusine anzurufen. Sie verabredeten sich für Josies nächsten freien Tag, damit sie das Brautjungfernkleid fertignähen konnten.

»Was ist mit den Vitrinen? Sind sie noch da?« fragte ihr Großvater, als Josie sich später verabschiedete.

»Nein, als die Van Dyks das Haus kauften, war es unmöbliert.«

»Schade. Waren wunderschöne Vitrinen. Du erzählst der alten Dame davon, nicht?«

»Sie wird sich nicht dafür interessieren«, sagte Josie, und dann tat ihr der abweisende Ton leid, denn sie merkte, daß sie ihren Großvater verletzt hatte.

Während sie in der Dämmerung zu Miß Laura zurückging, dachte sie darüber nach, wie schwer es war, alte Menschen nicht zu kränken. Lag es daran, daß sie empfindlicher wurden, oder daran, daß sie anders reagierten, ihre eigenen Erinnerungen hüteten, die sie von niemandem zerstören lassen wollten?

Als Josie zurückkam, hatte Miß Laura den Autoschlüssel völlig vergessen. Sie war aufgeregt, weil sich inzwischen Besuch angemeldet hatte, Pauls Bruder Henry und seine Frau. Glücklich schien sie nicht darüber zu sein.

»Sie kommen ja gar nicht meinetwegen. Sie wollen mich aushorchen, herumspionieren. Pauls Bilder wollen sie in die Finger kriegen. Ich weiß, was sie vorhaben.«

Mrs. Thompson warf Josie vielsagende Blicke zu. »Beruhigen Sie sich, meine Liebe«, sagte sie zu Miß Laura gewandt. »Van Dyks tun alles nur zu Ihrem Besten. Sie wollen nicht, daß Sie etwas weggeben.«

»Was mir gehört, kann ich weggeben, wann und wie ich will«, sagte Miß Laura erregt.

Später in der Küche sagte Mrs. Thompson zu Josie: »Van Dyks sind gute Menschen. Die alte Dame kann überhaupt nicht mit ihrem Geld umgehen.«

Josie saß auf einem Küchenstuhl und sah zu, wie Mrs. Thompson mehrere dicke Scheiben Schinken abschnitt und sie sorgfältig in Alufolie einpackte. »Meine Kinder mögen diesen Schinken so gern, und sie merkt es überhaupt nicht, wenn ein Stück fehlt«, sagte Mrs. Thompson, ohne rot zu werden.

»Das ist aber ein ziemlich teurer Schinken«, bemerkte Josie.

Mrs. Thompson sah sie scharf an. »So, wie sie das Geld rausschmeißt, spielt das keine Rolle.«

Josie war verlegen. Sie wollte sich nicht mit Mrs. Thompson gegen Miß Laura verbünden, aber sie wußte auch nicht, was sie tun sollte. Sie wollte weder den Eindruck erwecken, ein Moralapostel zu sein, noch sich Mrs. Thompson zur Feindin machen.

Neue Bücher 1978

ASTRID LINDGREN
Märchen
Einmalige Sonderausgabe zum Friedenspreis des Deutschen Buchhandels 1978

Warten auf Weihnachten
Geschichten um Weihnachten
(Hrsg. BARBARA HOMBERG)

JOAN AIKEN
Arabel und Mortimer auf Kreuzfahrt

HILA COLMAN
Und jeder Tag zählt

NELLY DÄS
Wölfe und Sonnenblumen

JAMES KRÜSS
Gäste auf den Hummerklippen

JAMES KRÜSS
Paquito oder Der fremde Vater

ROSE LAGERCRANTZ
Ein Donnerstag zum Schwindligwerden

EVA MARDER
Die Taschen voller Luftballons

CHRISTINE NÖSTLINGER
Luki-live

AN RUTGERS
Die Kinderkarawane
(Neuausgabe)

Kerstin Thorvall
Ein Mädchen wie Sussy

David Henry Wilson
Jeremy James
oder Elefanten sitzen nicht auf Autos

Gunilla Wolde
Twiggy, unser erstes Pferd

Bilderbücher

Eva Eriksson
In einer kleinen Woche

Eva Eriksson
Hokus Pokus

Ulf Löfgren
Harle-Harle-Harlekin

Margret Rettich
Jan und Julia haben einen Garten

Margret Rettich
Jan und Julia sind krank

Fotobände

Astrid Lindgren/Anna Riwkin-Brick
Japi aus Holland
(Neuausgabe)

Astrid Lindgren/Anna Riwkin-Brick
Randi aus Norwegen
(Neuausgabe)

Internationale Auszeichnungen unserer Autoren

Große Goldmedaille
der Schwedischen Akademie für Literatur
ASTRID LINDGREN für das Gesamtwerk

Internationaler Jugendbuchpreis
Hans-Christian-Andersen-Medaille
ASTRID LINDGREN für das Gesamtwerk
und Rasmus und der Landstreicher
JAMES KRÜSS für das Gesamtwerk

Internationaler Jugendbuchpreis, Ehrenliste
KLARA JARUNKOVA Der Bruder des schweigenden Wolfes
OLE LUND KIRKEGAARD Orla Froschfresser
OLE LUND KIRKEGAARD Otto ist ein Nashorn
JAMES KRÜSS Mein Urgroßvater und ich
HANS PETERSON Komm mit mir, kleine Bronx
ANNIE M. G. SCHMIDT Die geheimnisvolle Minusch

Dänischer Kinderbuchpreis
OLE LUND KIRKEGAARD Albert und der große Rapallo
THØGER BIRKELAND Wenn der Hahn kräht

Finnischer Staatspreis für Literatur
BO CARPELAN Der Junge von der Insel

Holländischer Staatspreis für Kinder- und Jugendliteratur
AN RUTGERS für das Gesamtwerk
ANNIE M. G. SCHMIDT für das Gesamtwerk

Holländischer Staatsjugendpreis
AN RUTGERS Lawinen über dem Dorf

Österreichischer Staatspreis für Kinderliteratur
JEAN CHAPMAN Die Wunschkatze
KÄTHE RECHEIS

Literis et Artibus
Königlich schwedische Medaille für Literatur und Kunst
ASTRID LINDGREN

Schwedischer Staatspreis für Literatur
ASTRID LINDGREN für das Gesamtwerk
HANS PETERSON für das Gesamtwerk

Internationaler Writer's Prize Award Welsh Art Council, Cardiff
ASTRID LINDGREN

Das Goldene Schiff, Ehrenpreis der schwedischen Gesellschaft für Literaturförderung
ASTRID LINDGREN für das Gesamtwerk

Elsa-Beskow-Medaille
BJÖRN BERG für die »Michel«-Gesamtausgabe von Astrid Lindgren
ULF LÖFGREN Die Kinder im Dschungel
ANNA RIWKIN-BRICK Marko in Jugoslawien
ILON WIKLAND für das Gesamtwerk

Premio Europeo della Città di Caorle, Ehrenliste
KLARA JARUNKOVA Der Bruder des schweigenden Wolfes

Premio Europeo di Letteratura Giovanile »Provincia di Trento«, Ehrenliste
BO CARPELAN Der Junge von der Insel
AN RUTGERS Goliath von nebenan

Goldener Griffel, höchste Auszeichnung neben dem Holländischen Staatspreis für Kinder- und Jugendliteratur
GUUS KUIJER Ich stell mich auf ein Rahmbonbon

Lazarillo-de-Tormes-Preis
RIERA ROJAS Cervantes, Don Quijote

Schwedischer Astrid-Lindgren-Preis
HARRY KULLMAN für das Gesamtwerk
BARBRO LINDGREN-ENSKOG für das Gesamtwerk
HANS PETERSON für das Gesamtwerk
KERSTIN THORVALL für das Gesamtwerk

Honorary Doctor of Letters, University of Leicester
ASTRID LINDGREN

Internationaler Verlegerpreis
ROSE LAGERCRANTZ Es handelt sich um Anna
HANS PETERSON Komm mit mir, kleine Bronx
KERSTIN THORVALL Anstelle eines Vaters

Caldecott-Medaille
EVALINE NESS Tinas Fli-Fla-Flunkerei

Nils-Holgersson-Plakette
BO CARPELAN Der Junge von der Insel
ASTRID LINDGREN Im Wald sind keine Räuber
MAX LUNDGREN Der Junge mit den Goldhosen
HANS PETERSON Matthias, Martin und Mari

Internationale Kinder- und Jugendbuchmesse, Bologna, Premio Grafico
RÜDIGER STOYE Klicks, der Klecks

Manchester-Guardian-Preis
JOAN AIKEN für das Gesamtwerk
und Der Flüsternde Berg

Medaille des schwedischen Buchhandels
ASTRID LINDGREN Die Brüder Löwenherz

Schwedischer Förderpreis für Literatur
BARBRO LINDGREN-ENSKOG Barbro – streng geheim

Children's Spring Festival Award der
New York Herald Tribune
AN RUTGERS Lawinen über dem Dorf

Medaille des Lächelns, eine sowjetische Auszeichnung
ASTRID LINDGREN

Medaille des Lächelns, eine polnische Auszeichnung
ASTRID LINDGREN

Deutsche Auszeichnungen unserer Autoren

Friedenspreis des Deutschen Buchhandels

Astrid Lindgren

Astrid-Lindgren-Preis

Hilde Heisinger
Tim und die Unsichtbaren

Eugen Oker
Babba, sagt der Maxl,
du mußt mir eine Geschichte erzählen

Friedrich-Bödecker-Preis

Christine Nöstlinger
für das Gesamtwerk

KLARA JARUNKOVA
Der Bruder des schweigenden Wolfes
Deutscher Jugendbuchpreis für das beste Jugendbuch

JAMES KRÜSS
Mein Urgroßvater und ich
Deutscher Jugendbuchpreis für das beste Kinderbuch

ASTRID LINDGREN
Mio, mein Mio
Deutscher Jugendbuchpreis, Sonderpreis

HANS PETERSON
Matthias und das Eichhörnchen
Deutscher Jugendbuchpreis für das beste Kinderbuch

AN RUTGERS
Ich bin Fedde
Deutscher Jugendbuchpreis für das beste Jugendbuch

AN RUTGERS
Pioniere und ihre Enkel
Deutscher Jugendbuchpreis für das beste Sachbuch

PAUL STROYER
Getauscht ist getauscht
Deutscher Jugendbuchpreis, Prämie

Joan Aiken
Regenwassergasse Nummer sechs

Cora Annett/Steven Kellogg
Armer Esel Alf

Horst Beyersdorff
Pawels Geheimnis

Nelly Däs
Der Zug in die Freiheit

Clement Freud
Grimpel

Åke Holmberg
Herrn Olssons Galoschen

Ole Lund Kirkegaard
Der kleine Virgil
Gummi-Tarzan

James Krüss
Adler und Taube
Der Leuchtturm auf den Hummerklippen

Rose Lagercrantz
Es handelt sich um Anna

Astrid Lindgren
Die Brüder Löwenherz
Karlsson vom Dach
Karlsson fliegt wieder
Der beste Karlsson der Welt

Mehr von uns Kindern aus Bullerbü
Madita
Michel in der Suppenschüssel
Michel bringt die Welt in Ordnung
Rasmus und der Landstreicher
Rasmus, Pontus und der Schwertschlucker

BARBRO LINDGREN-ENSKOG
Ole, Pelle und Brötchen

MAX LUNDGREN
Ole nennt mich Lise

PAUL MAAR
Onkel Florians fliegender Flohmarkt
Der tätowierte Hund
Eine Woche voller Samstage

CARL ANDERS NORRLID
Jakov oder der Wolf im Stall

CHRISTINE NÖSTLINGER
Konrad oder Das Kind aus der Konservenbüchse

EUGEN OKER
Babba, sagt der Maxl, du mußt mir eine Geschichte erzählen

HANS PETERSON
Als wir eingeschneit waren
Komm mit mir, kleine Bronx
Ein Löwe im Haus
Jan Jansson – ein Junge mit Glück
Jagd auf Janne
Matthias, Martin und Mari
Matthias hat seinen großen Tag

Käthe Recheis
Sinopah und das Pony

Barbara Robinson
Hilfe, die Herdmanns kommen

An Rutgers
Flieh, Wassilis, flieh!
Flucht in die Freiheit
Lawinen über dem Dorf
Der Staudamm von Saint Sylvestre
Das verlorene Licht
Das wilde Land

Annie M. G. Schmidt
Die geheimnisvolle Minusch

Lisa Schuster
Trulle Trullerjan bringt Glück

Kerstin Thorvall
Anstelle eines Vaters

Pamela Townshend
Die Zauberkastanie

Bilderbücher

Janet Beatti/Rita Rapp
Die kleine vergeßliche Frau

Jerold Beim/Ylva Källström
Der verlorene Ball

Alan Fletcher
Was ich sah

Paul Groves/Hilary Hayton/Graham McCallum
Das wandernde Haus

Astrid Lindgren/Leif Krantz/Ulf Löfgren
Die Kinder im Dschungel

Astrid Lindgren/Harald Wiberg
Tomte Tummetott

Astrid Lindgren/Ilon Wikland
Polly hilft der Großmutter

Margret Mahy/Steven Kellogg
Ein Nilpferd kommt selten allein

Evaline Ness
Tinas Fli-Fla-Flunkerei

Hans Peterson/Ylva Källström
Der blaue Kanarienvogel

Paul Stroyer
PP und sein großes Horn

Alfred und Ursula Wollinger
Schweinchen Ringelfein

Fotobände

Astrid Bergman Sucksdorff
Das Vergrößerungsglas

A. Riwkin-Brick/Astrid Lindgren
Randi aus Norwegen
Sia wohnt am Kilimandscharo

Lieferbare Bücher

Kinder- und Jugendbücher

Joan Aiken	Anschlag auf Nantucket
Joan Aiken	Der Flüsternde Berg
Joan Aiken	Der Zauberschatz von Astalon
Joan Aiken	Kein Tag wie jeder andere
Joan Aiken	Regenwassergasse Nummer sechs
Joan Aiken	Arabel und Mortimer auf Kreuzfahrt
Joan Aiken	Treffpunkt K
H. C. Andersen/R. Rojas	Märchen
Cora Annett	Armer Esel Alf
M. Bernhard-von Luttitz	Bumfidel ist nicht auf den Mund gefallen
Anders Bodelsen	Unternehmen Cobra
M. Cervantes/R. Rojas	Don Quijote
Jean Chapman	Die Wunschkatze
Hila Colman	Und jeder Tag zählt
Nelly Däs	Der Zug in die Freiheit
Nelly Däs	Mit Timofej durch die Taiga
Nelly Däs	Wölfe und Sonnenblumen
Friedrich Feld	1414 geht auf Urlaub
Clement Freud	Grimpel
Clement Freud	Grimpel – superhöchstbestens
Barbara Homberg (Hrsg.)	Warten auf Weihnachten
Klara Jarunkova	Der Ausreißer
Klara Jarunkova	Der Bruder des schweigenden Wolfes
Klara Jarunkova	Die Einzige
Klara Jarunkova	Die Rache des Schwarzen Panthers
Ole Lund Kirkegaard	Albert und der große Rapallo
Ole Lund Kirgegaard	Gummi-Tarzan
Ole Lund Kirgegaard	Hodja im Orient
Ole Lund Kirkegaard	Orla Froschfresser
Ole Lund Kirkegaard	Otto ist ein Nashorn
Ole Lund Kirkegaard	Der kleine Virgil
Ernestine Koch	Wumme und der beste Papa der Welt
James Krüss	Der kleine Flax
James Krüss	Sommer auf den Hummerklippen
James Krüss	Gäste auf den Hummerklippen
James Krüss	Der Leuchtturm auf den Hummerklippen
James Krüss	Mein Urgroßvater und ich
James Krüss	Mein Urgroßvater, die Helden und ich
James Krüss	In Tante Julies Haus

James Krüss	Geschichten aus allen Winden oder Sturm um Tante Julies Haus
James Krüss	Paquito oder Der fremde Vater
James Krüss	Der fliegende Teppich
James Krüss	Timm Thaler oder Das verkaufte Lachen
Guus Kuijer	Ich stell mich auf ein Rahmbonbon
Rose Lagercrantz	Es handelt sich um Anna
Rose Lagercrantz	Ein Donnerstag zum Schwindligwerden
Astrid Lindgren	Astrid Lindgren erzählt
Astrid Lindgren	Meisterdetektiv Blomquist
Astrid Lindgren	Kalle Blomquist lebt gefährlich
Astrid Lindgren	Kalle Blomquist, Eva-Lotte und Rasmus
Astrid Lindgren	Kalle Blomquist (Gesamtausgabe)
Astrid Lindgren	Die Brüder Löwenherz
Astrid Lindgren	Wir Kinder aus Bullerbü
Astrid Lindgren	Mehr von uns Kindern aus Bullerbü
Astrid Lindgren	Immer lustig in Bullerbü
Astrid Lindgren	Die Kinder aus Bullerbü (Gesamtausgabe)
Astrid Lindgren	Das entschwundene Land
Astrid Lindgren	Ferien auf Saltkrokan
Astrid Lindgren	Jule und die Seeräuber
Astrid Lindgren	Karlsson vom Dach
Astrid Lindgren	Karlsson fliegt wieder
Astrid Lindgren	Der beste Karlsson der Welt
Astrid Lindgren	Karlsson vom Dach (Gesamtausgabe)
Astrid Lindgren	Kerstin und ich
Astrid Lindgren	Die Kinder aus der Krachmacherstraße
Astrid Lindgren	Klingt meine Linde
Astrid Lindgren	Lotta zieht um
Astrid Lindgren	Madita
Astrid Lindgren	Madita und Pims
Astrid Lindgren	Märchen
Astrid Lindgren	Michel in der Suppenschüssel
Astrid Lindgren	Michel muß mehr Männchen machen
Astrid Lindgren	Michel bringt die Welt in Ordnung
Astrid Lindgren	Immer dieser Michel (Gesamtausgabe)
Astrid Lindgren	Mio, mein Mio
Astrid Lindgren	Pippi Langstrumpf
Astrid Lindgren	Pippi Langstrumpf geht an Bord
Astrid Lindgren	Pippi in Taka-Tuka-Land
Astrid Lindgren	Pippi Langstrumpf (Gesamtausgabe)
Astrid Lindgren	Pippi außer Rand und Band
Astrid Lindgren	Rasmus und der Landstreicher
Astrid Lindgren	Rasmus, Pontus und der Schwertschlucker
Astrid Lindgren	Sammelaugust

Astrid Lindgren	Im Wald sind keine Räuber
Barbro Lindgren-Enskog	Ferien auf Kulleberga
Barbro Lindgren-Enskog	Ole, Pelle und Brötchen
Barbro Lindgren-Enskog	Schätze in Oles Koffer
Barbro Lindgren-Enskog	Ein Schwesterchen für Kalle
Max Lundgren	Ole nennt mich Lise
Paul Maar	Andere Kinder wohnen auch bei ihren Eltern
Paul Maar	Der tätowierte Hund
Paul Maar	Der verhexte Knödeltopf
Paul Maar	Der König in der Kiste
Paul Maar	Onkel Florians fliegender Flohmarkt
Paul Maar	Summelsarium
Paul Maar	Eine Woche voller Samstage
Eva Marder	Der kleine Straßenkehrer
Eva Marder	Die Taschen voller Luftballons
Eva Marder	Taxifahrer Seehund
Eva Marder	Sandro, der Landstreicher
Christine Nöstlinger	Der kleine Herr greift ein
Christine Nöstlinger	Ilsa Janda, 14
Christine Nöstlinger	Konrad oder Das Kind aus der Konservenbüchse
Christine Nöstlinger	Luki-live
Christine Nöstlinger	Ein Mann für Mama
Christine Nöstlinger	Mr. Bats Meisterstück
Carl-Anders Norrlid	Jakov oder Der Wolf im Stall
Eugen Oker	Babba, sagt der Maxl, du mußt mir eine Geschichte erzählen
Hans Peterson	Jagd auf Janne
Hans Peterson	Jan Jansson – der Junge mit Glück
Hans Peterson	Jan Jansson – ein Junge mit Mumm
Hans Peterson	Am liebsten möchte ich Gänseblümchen essen
Hans Peterson	Matthias und das Eichhörnchen
Hans Peterson	Der Tag, an dem alles geschah
Käthe Recheis	Martys irischer Sommer
Käthe Recheis	Sinopah und das Pony
Barbara Robinson	Hilfe, die Herdmanns kommen
An Rutgers	Abenteuer Afrika
An Rutgers	Flucht in die Freiheit
An Rutgers	Goliath von nebenan
An Rutgers	Das Geheimnis der Poldermühle
An Rutgers	Ich bin Fedde
An Rutgers	Die Kinderkarawane
An Rutgers	Lawinen über dem Dorf
An Rutgers	Pioniere und ihre Enkel
An Rutgers	Wrack unter Wasser

Annie M. G. Schmidt	Der fliegende Fahrstuhl
Annie M. G. Schmidt	Die geheimnisvolle Minusch
Annie M. G. Schmidt	Pluck mit dem Kranwagen
Alexandra Sheedy	Königin Elisabeth war immer zu den Mäusen nett
Robert E. Swindells	Feuerstein und Rauchsignal
Kerstin Thorvall	Ein Mädchen wie Sussy
Kerstin Thorvall	Thomas – eine Woche im Mai
David Henry Wilson	Jeremy James oder Elefanten sitzen nicht auf Autos
Gunilla Wolde	Twiggy, unser erstes Pferd

Bilderbücher

Eva Eriksson	In einer kleinen Woche
Eva Eriksson	Hokus Pokus
Alan Fletcher	Was ich sah
A. Lindgren/L. Krantz/U. Löfgren	Die Kinder im Dschungel
A. Lindgren/H. Arnold	Allerliebste Schwester
A. Lindgren/B. Berg	Michel aus Lönneberga
A. Lindgren/B. Berg	Mehr von Michel aus Lönneberga
A. Lindgren/H.-J. Krantz	Herr Lilienstengel
A. Lindgren/M. Rettich	Ich will auch Geschwister haben
A. Lindgren/M. Rettich	Ich will auch in die Schule gehen
A. Lindgren/I. Vang Nyman	Kennst du Pippi Langstrumpf?
A. Lindgren/H. Wiberg	Tomte Tummetott
A. Lindgren/H. Wiberg	Tomte und der Fuchs
A. Lindgren/H. Wiberg	Weihnachten im Stall
A. Lindgren/I. Wikland	Lustiges Bullerbü
A. Lindgren/I. Wikland	Weihnachten in Bullerbü
A. Lindgren/I. Wikland	Lotta kann fast alles
A. Lindgren/I. Wikland	Na klar, Lotta kann radfahren!
Leo Lionni	Das kleine Blau und das kleine Gelb
Ulf Löfgren	Albin hat nie Angst
Ulf Löfgren	Albin hilft allen
Ulf Löfgren	Harle-Harle-Harlekin
M. Mahy/St. Kellogg	Ein Nilpferd kommt selten allein
Margret Rettich	Allerlei um mich herum
Margret Rettich	Dies und das aus meiner Welt
Margret Rettich	Komm mit
Margret Rettich	Steig ein
Margret Rettich	Ich weiß, was du machst
Margret Rettich	Ich weiß, was du bist
F. Rückert/M. Girbardt	Vom Büblein, das überall hat mitgenommen sein wollen

Wilhelm Schlote	Uaaaahhh
K. Schreiner/C. Larsson	Unser Haus
K. Schreiner/C. Larsson	Unser Hof
A. u. U. Wollinger	Schweinchen Ringelfein

Spielend leicht lernen

Margret Rettich	Jan und Julia feiern Geburtstag
Margret Rettich	Jan und Julia haben einen Garten
Margret Rettich	Jan und Julia haben ein Tier
Margret Rettich	Jan und Julia kaufen ein
Margret Rettich	Jan und Julia im Kindergarten
Margret Rettich	Jan und Julia sind krank
Margret Rettich	Jan und Julia verreisen
Margret Rettich	Jan und Julia ziehen um

Bild von Ilon Wikland
aus »Astrid Lindgren/Ilon Wikland, Lustiges Bullerbü«

Lampion-Bilderbücher

G. Bergström	Mach schnell, Willi Wiberg
G. Bergström	Gute Nacht, Willi Wiberg
G. Bergström	Paß auf, Willi Wiberg
J. Krüss/M. Rettich	Die kleinen Pferde heißen Fohlen
A. Lindgren/I. Wikland	Kindertag in Bullerbü
A. Lindgren/I. Wikland	Nils Karlsson-Däumling
A. Lindgren/I. Wikland	Polly hilft der Großmutter
K. Nyman/Y. Källström	Ich kann alle Autos reparieren

Aus der Arche Noah

R. Aichele/P. Baynes	Die Frösche
G. Dannholz/E. Hülsmann	Die Bären
G. Dannholz/I. Roels	Die Störche
G. Dannholz/I. Roels	Die Wale
Iliane Roels	Die Mäuse
Iliane Roels	Die Biber
Iliane Roels	Die Bienen
Iliane Roels	Die Pinguine
M. R. Schäfer/P. Baynes	Die Delphine
M. R. Schäfer/P. Baynes	Die Lachse
M. R. Schäfer/P. Baynes	Die Hummeln
M. R. Schäfer/P. Baynes	Die Rehe
H. Schwegler/P. Baynes	Die Schmetterlinge
M. R. Schäfer/P. Baynes	Die Wildenten

Fotobände

Astrid Bergman Sucksdorff	Ricki der junge Fuchs
Astrid Bergman Sucksdorff	Das Vergrößerungsglas
H. G. Lenzen/Ylla	Zwei kleine Bären

Kinder unserer Erde

V. Forsberg/A. Riwkin-Brick	Salima aus Kaschmir
E. Jannes/A. Riwkin-Brick	Elle-Kari aus Lappland
A. Lindgren/A. Riwkin-Brick	Japi aus Holland
A. Lindgren/A. Riwkin-Brick	Lilibet das Zirkuskind
A. Lindgren/A. Riwkin-Brick	Matti aus Finnland
A. Lindgren/A. Riwkin-Brick	Randi aus Norwegen